ノンモダンとしての
経験学習

：対応説としての学校知を超えて

中井 孝章

日本教育研究センター

目次（CONTENS）

Ⅰ．知識論の諸相

1．学校知の知識論

一般的にいうと，学校とは，教師が教科書に基づいて口授と板書，すなわち言語（話し言葉・書き言葉）を駆使しながら，大量の知識（教科の内容）を生徒（児童生徒）に向けて一斉に伝達・説明する教育の場である。ここで，教科書を通して教師が生徒に伝達・説明する学校特有の知識のことを「学校知（knowledge transmitted at school)」，こうした「学校知」の伝達方式のことを「一斉教授法（recitation)」，と各々呼ぶとすれば，学校教育の中核は，言語および数・記号による，学校知の一斉教授にある，ということになる。

ここで重要なのは，生徒によって学校知が言語・数・記号（以下，「言語・数」と略記）として「頭の中だけに（solely inside heads)」刻みつけられ（＝インプットされ）――いわゆる記憶（記銘・保持）され――，貯め込まれるということである。ここで学校知は，「頭の中に」「貯め込まれる」・「詰め込まれる」といった，所有のメタファーで表される。しかも，生徒の「頭の中に」貯め込まれた（＝インプットされた）学校知は，定期試験や入学試験において生徒が問題文の指示に即して加工しつつ，言語・数で解答する（＝アウトプットする）ことになる。しかも，生徒は試験という限られた時間の中で，迅速かつ正確なアウトプットが求められる。皮肉なことに，生徒の中にインプットされた学校知が，アウトプットされる唯一の機会は，一連の試験だけなのである。

ここで気づくことは，学校知が常に，言語・数によって生徒にインプットならびにアウトプットされるということである。つまり，学校知では，自然現象や社会現象についての「正しい」知識（概念）をそれらが生成された状況や文脈から切り離した上で，その定義なり法則なり規則なりを生徒に教えてきたのである。生徒からすれば，知識，たとえば「気体の体積と圧力に関する法則」，いわゆるボイルの法則は，「ＰＶ＝Ｋ」（気体の体積＝Ｖ／圧力＝Ｐ／Ｋは一定）という関係式で示されることになる（なお，この法則は，「温度を一定に保った状態においては，一定質量の気体の体積は圧力に反比例する」というものである）。これはほんの一例であって，自然現象および社会現象についての法則・規則は，「気体の体積と圧力の関係」という「対象」と，「ＰＶ＝Ｋ」という「数式」もしくはそれを説明する「言語」との対応関係で示される。

このように，学校知およびそのベースとなる教科書は，大量の知識を伝達するという必要性からやむを得ないこととはいえ，「対象」と「言語・数」を対応関係として記述している。学校教育およびその教授法（教育方法）が言語主義であるといわれる元凶は，「対象」と「言語・数」を対応させる，学校知そのものの記述形式にこそある。

以上のことからすると，学校教育の問題点は，どのように教えるかという教授法ではなく，それ以前の学校知そのものの記述形式にあることがわかる。つまり，真の問題は，学校知そのものの前提となる知識観に見出されるのだ。学校知が言語・数によって伝達・説明できる「知」であるということは，それを伝達する教師（の経験や能力）および伝達される生徒（の経験や能力）とは無関係に，いわゆる独立して「外部に」存立する，同一の実体（客体）であることが要請される。そうであるがゆえに，教師から生徒への，「知」の伝達は，その所有の移転もしくはその所有者の拡張となるのである。もっといえば，学校知は，生徒にとっても教師にとっても，「外部に」存立する客体，すなわち客観的な真理であるがゆえに，生徒や教師の主観は客観性を揺るがしかねない雑音・カオスにすぎないのである。

裏を返せば，教師と生徒が共有する教科書は，その内容の是非はともかく，「対象」と「言語」の対応づけが客観的な真理・真実の記述法であるといわんばかりである。しかも，教科書は，教科内容というメッセージのみならず，国・政府によってお墨付きを与えられた特別な知識・言語体系として，教師には“これを教えよ”，生徒には“これを学習せよ”というメタ・メッセージを暗に伝えている（メタ・メッセージによるメッセージの正当化・権威づけ）。教科書と他のテキストとは，同じ知識であっても，格が違うといっても決して過言ではない。

学校教育においては，教科書およびその記述法を模範として受け入れなければならないとすれば，学校知を改善する余地はないことになる。ところが，これまで学校知を超える授業実践が行われてきたことも事実である。その一つとして，筆者が何を差し置いても取り上げたいのは，経験学習である。筆者からすると，真正な意味での経験学習は，教育内容としても教育方法（学習方法）としても，学校知そのものと対峙している。それが意味するところとは，一般的にいわれる「系統主義」対「経験主義」という近代教育の文脈（特に，児童中心主義もしくは自由主義教育による系統主義批判）を超えて，学校知が前提とする知識観を根本的に捉え直すことにある。それがどういうことかについては，漸次，論述するが，一昔前，民間教育運動の一部で実践された経験学習の中に，今日の学校知を超える萌芽がみられるのである。ただ，残念なことに，これまで経験学習は，十分に理論化されてこなかったことから，その意義を見出せず，教育現場からフェイドアウトしていった。なお，筆者は，J.デューイの「仕事（occupation）」よろしく，「ものをつくる授業」のカリキュラム化を企図したいわけではなく，経験学習が生徒に対して何をすることができるかをあらためて考えたいだけである。

こうして，経験学習を理論化するにあたって，学校教育が前提とする知識観を根本的に問い直すことが不可欠となる。その際，有力な手がかりになるのは，B.ラトゥールが提唱したアクターネットワーク理論（After Network Thoey：以下，「ＡＮＴ」と略記）である。ただ，筆者からすると，ラトゥール自身のＡＮＴ以上に注目すべきなのは，ＡＮＴをノンモダニズム知識論（思考法）へと展開した，ラトゥール研究者，久保明教の，知識観についての捉え方である。

では次に，学校教育が前提とする知識観そのものを問い直すために，ラトゥールのＡＮＴおよび久保のポストモダニズム知識論をみていくことにする。

ところで，久保によると，知識についての捉え方，すなわち知識観には，三つの発想があるという。次に，久保がＡＮＴに基づいて類型化した知識観を敷衍したい。しかも，その知識観は，知識をめぐって研究者（科学者）と一般人がどのような関係にあるかについても示している。したがって，両者の関係は，そのまま学校知を介した，教師－生徒関係へとスライドすることができる。

２．知識論の三つの構想
――モダニズム，ポストモダニズム，ノンモダニズム

予め述べると，久保は，知識（観）に関する発想（＝知識論）を，モダニズム，ポストモダニズム，ノンモダニズムという三つのタイプに区分している。なお，

知識をめぐる研究者（科学者）と一般人の関係性については，後述する。

まず，モダニズムの発想である。

「第一に，私たちが世界を適切に認識し世界に適切に働きかけうることの根拠を，理性的な人間のあり方に求めるモダニズムの発想がある。『知る』ということは，外側から客観的に対象を観察し，対象と正確に対応する表象を与えることである。……対象と表象の正確な対応は，原理的には，知る者が外側から世界に対応する言明を与えることとして定式化される。」［久保明教，2019：223-224］

ラトゥールのいう「対応説」については，予め，図で示しておきたい（図１参照)。なお，図 1a は［Ratour，1999=2007：88]，図 2b は［久保明教，2019：17］から各々，引用した。。

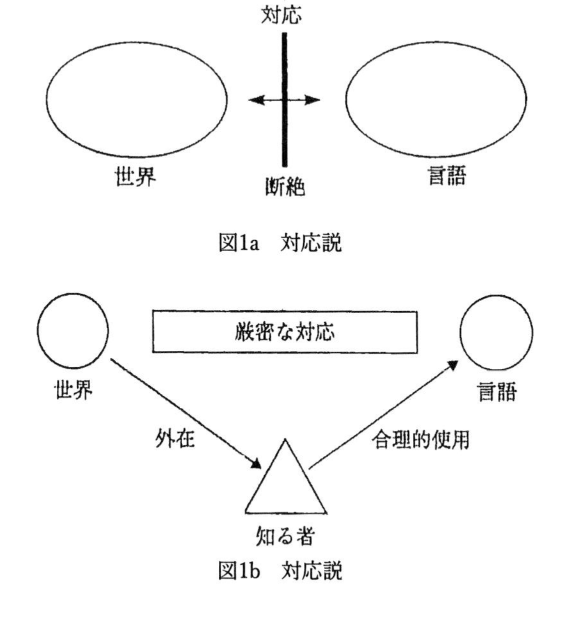

図1a　対応説

図1b　対応説

次に，ポストモダニズムの発想である。

「第二に，世界と言明の間に何らかの人為的なフィルターを措定することによっていかなる知識も絶対的ではないことを強調するポストモダニズムの発想がある。そこでは，知る者が対象や世界に内在的に関係していることが強調され，知識の妥当性は，世界と言明の対応を仲介する社会的，文化的，言語的，理論的なフィルターよって規定されることになる。」［久保明教，2019：225］

最後に，ノンモダニズムの発想である。

「第三に，近代的な対応説を退け，世界に外在する知識を世界に内在する関係性の一時的な外観上の効果として捉えるノンモダニズムの発想がある。それらが外在的な知識に見えること自体は認められるが，それは特定の仕方で作られた関係性……の暫定的な効果にすぎない。あらゆる現実は諸関係の組替えによって構築されたものであり，だからこそ，構築は真実ではないことを意味しない［＝汎構築主義］。」［久保明教，2019：227］（なお，一部，引用の仕方を変更した）

(1) モダニズム・ポストモダニズム知識論

このように，久保は，知識（観）を三つの発想（＝知識論）にまとめているが，彼自身も指摘するように，大きくは，「モダニズム・ポストモダニズム」と「ノンモダニズム」という二つに分けることができる。つまり，知識論の分水嶺は，この二つのあいだこそ存在する。ポストモダニズムの発想は，あくまでもモダニズムの発想を変形したものであり，主として社会認識にかかわるものである。本書では，Ⅱ章以降で，知識（観）の発想（＝知識論）と経験学習の関連性について述べていくが，その際，このポストモダニズムの発想は，モダニズムの変種として扱われる。ただ，ポストモダニズムの場合，知識をめぐる研究者（科学者）と一般人の関係性がどのようになるかについても，言及していきたい。

以上のことから，知識（観）の発想（＝知識論）については，モダニズムとノンモダニズムの違いに収斂する（その違いは同時に，言語主義教育［一般的には，系統主義教育］と経験主義教育［本書でいうところの経験学習］のそれとなる）。

では，両者の違いとは何か――それはすでに明確である。つまり，久保の前出の論述に示されるように，知識（観）についての，モダニズムの発想は，主体が外側から客観的に対象を客体として捉え，「対象と表象の正確な対応」を行うこと，すなわち「知る者（＝主体）が外側から世界（＝客体）に対応する言明を与えること」である。肝心なのは，「対象＝世界」と「表象＝言語」との厳密な対応である。モダニズムにおいて肝心なのは，知る者は常に外部から観察することと，「世界」と「言語」が対応すること（「言語」が「世界」を指示すること），の二つである。裏を返せば，「世界」と「言語」が対応するためには，神の視点のように，外側からの立場に立たない限り，不可能である。したがって，モダニズムの発想を駆動するのは，神（の視点）に取って代わった，人間の理性の力となる。

そのことからすると，「世界（対象)」と「言語（表象)」との厳密な対応を措定するのがモダニズムであり，それを予め措定しないのが，ノンモダニズムであるということになる。ただ，ノンモダニズムは，そうした対応を頭から否定しているわけではない。ノンモダニズムもまた，条件付きで「世界（対象)」と「言語（表象)」の対応を認めるもしくは肯定するのである（この点は，Ⅱ章以降で詳述する)。

急いで付け加えると，「対象と言語の正確なもしくは厳密な対応」という知識観を前提に構築されてきたものが，学校の教科書である。そして，教師は，教科書をベースとしながら，生徒に知識を教えてきたのだ。つまり，ノンモダニズム知識論が明確な形で批判の対象としてきた，「対象と言語の正確なもしくは厳密な対応」およびそれを前提とする知識観を採ってきたのは，学校教育なのである。学校教育が，言語主義教育もしくは暗記主義教育だとして論難されてきた原因は，どうやら，ノンモダニズム知識論が批判してきた「対応説」に収斂するのではなかろうか。学校の系統主義は，モダニズムの典型である。裏を返せば，経験学習が学校知中心の系統主義を超える可能性は，ＡＮＴに基づくノンモダニズム知識論と近似した知識観および思考法に求められる。

ここで，知識の起源（生成基盤）を，知る者（主体）が外側から世界（客体）を捉えること，すなわち「主体－客体」に求めることを新たな観点から捉え直したものとして思弁的実在論がある。思弁的実在論は，Q.メイヤスーが提唱した新しい哲学である［Meillassoux，2006=2016］。知識論に関連する，思弁的実在論の主要概念の一つに，「相関主義（correlationism)」がある。

「相関主義」とは何か――それは，存在するもの（モノ・他者）は必ず，私たち人間の認識とのかかわりを通して存在する，という捉え方である。相関主義の鼻祖は，I.カントである。カントは，D.ヒュームの影響のもと，かの有名なコペルニクス的転回によって，世界は私たち人間にとって自らの有する感性・悟性によって現象するという認識論を唱えた。存在するものはすべて，私たち人間にとって存在するのみである。たとえば，眼前に「腕時計がある」という場合，この物（腕時計）は物自体としてあるがままに立ち現われるのではなくて，私たち人間がこの物（腕時計）を知覚するという――言葉であれば，この言葉を認識するという――，知覚と存在物――認識と言葉――とのあいだの相関において立ち現われると捉える。つまり，相関とは，私たち人間（主体）と事物（腕時計）との関係性の謂いである。「相関」主義とは，相関すること（＝相互的な関係性）を認識の可能性の条件とする立場のことである。哲学では，こうした態度のことを「超越論的」と呼ぶ。総じて，相関主義の立場を採る観念論は，「超越論的哲学」と名づけられる。繰り返し強調すると，相関主義の立場としては，意識と存在のあいだの相関だけが関心事なのである。相関主義の立場の前提には，真なるものが，人間が他の人間との相互行為によって間主観的に定位されるという捉え方が存在するが（たとえば，構築主義は観念論の現代版である），それは副次的な事柄だと考えられる。

では，モダニズムとノンモダニズムの知識（観）についての発想（＝知識論）は，その知識（科学的知識）をめぐる研究者（科学者）と一般人の関係性として示す場合，どのように捉えることができるのか。

この第一のタイプにおいては，知識をめぐる研究者（科学者）と一般人の関係は，次のようになる。

「『私たち人間の認識とは無関係にこの世界に存在するものがあり，科学はそれを捉える最良の手段だ』という近代社会における常識的な論理と倫理によって支えられている。こうした現在でも一般的な知識観において，研究者と一般人は『知る者』と『知らない者』の非対称的な関係において把握される。一般人がある対象Ｘについて，『Ｘとは何ですか？』と質問し，研究者は『Ｘとは～～です』と答えることで対象に正確に対応する言明を与えるという関係である。」［久保明教，2019：224-225］

第一の発想において，一般的な知識観をめぐる研究者と一般人は，「知る者」と「知らない者」という非対称的な関係となる。この非対称的な関係は，そっくりそのまま，学校における教師と生徒のそれへとスライドすることができる。

しかも，一般人と研究者の質疑応答は，自然現象や社会現象の本質についてのものであり，後者から前者への知識移転・拡張がなされる。その際，研究者によって「対象に正確に対応する言明を与える」ことになる。

こうした関係はそのまま，学校の教育関係と同じであるが，唯一，異なるのは，学校の教育関係の場合，「知る者」が「知らない者」に向けて問い（質問）を投げかけるという会話形式が多用されるという点である。簡潔に述べると，教室の会話は，日常の会話とは異なり，「質問」－「応答」－「評価」という単位，すなわち教師主導の質問と指示を意味する「teacher Initiative」－生徒の応答を意味する「student　Response」－教師の評価を意味する「teacher Evaluation」といった三つの項目の単位から構成される。いわゆる「IRE 構造」である［Mehan，1979：54 ／ 1985：121 ／中井，2020：11-13］。こうした，ひとまとまりの，教室の会話は，最後に行う，教師の「評価」によって完結することになる。

こうした“見かけ”の差異を無視さえすれば，教師と生徒の関係は，研究者と一般人の関係と同型である。

この第二のタイプにおいては，知識をめぐる研究者（科学者）と一般人の関係は，次のようになる。

「研究者と一般人の関係は，『知る者』と『知らない者』の対比から『疑える者』と『疑えない者』の対比に移行するが，非対称性は維持される。一般人があるについて，『X とは～～ですよね？』と質問し，研究者は『〈X は～～である〉とあなたが考えてしまう背景には○○という要因があるかもしれません』と答えることで，世界と言明を仲介するフィルターを示唆するという関係である。」［久保明教，2019：226-227］

構築主義では，私たちは，各々，自らの視点（パースペクティヴ）を通して内側から対象Xを捉える。ここまでは，モダニズム知識論と同様である。ところが，構築主義の場合，私たちは，各々，自らの視点で捉えた対象Xを絶対化したり普遍化したりはし得ない。むしろ私たちは，外側の立場から自らの捉え方を含め，対象Xそのものに疑問を抱く。というのも，「世界（対象X）と言明（言語）を仲介するフィルター」，すなわち私たちが対象Xを捉える視点そのものに〈Xは〜〜である〉と考えてしまうフィルター（＝バイアス）が潜んでいる（かもしれない）からである。

このように，構築主義では，私たちが自らの視点を通して内側から対象を捉えると同時に，そうして内側から捉えた対象を外側から疑問を抱くことになる（内側の視点と外側の視点との共存および後者による前者の修正・更新）。そのため，構築主義では，対象についての認識は真理とはなり得ず，常に相対主義的なものとなる。つまり，構築主義は，モダニズム知識論を継承しながらも，その知識論の絶対主義は捨象して，相対主義の立場をとる。その意味で，構築主義は，「ポスト」モダニズム知識論である。この場合，研究者は，内側からしか対象Xを考えない一般人に対して，そうした本質主義（現実の固定的見方）に潜むバイアスおよびそれを生み出した原因に目を向けさせるのだ。

さらに，構築主義は，次の例からより明確になる。構築主義からすると，たとえばある人は，「家族」という言葉を，「同居する人間の集合」だと規定したとする。ところが，他の人は，その規定の外延が広すぎるということで「生計を共にする人間の集合」だと規定したとする。構築主義では，双方の人間が複数の諸相を超えて同一の事象（本質としての「家族なるもの」）にかかわりながらも，各々，異なる視点で対象（「家族」）を規定することになる。つまり，前述したように，内側から対象（「家族」）を捉えると同時に，外側からその対象（「家族」）に疑問を抱くのだ。そのように誘導するのが，ポストモダニズム知識論の立場に立つ研究者である。総じて，構築主義は，個々人の複数の視点（パースペクティヴ）を超えた一つの対象を真理だと捉える，モダニズム知識論とは一線を画する，「ポスト」モダニズム知識論なのである。

(2) ノンモダニズム知識論

この第三のタイプにおいては，知識をめぐる研究者（科学者）と一般人の関係は，次のようになる。

「ノンモダニズムにおける研究者は，［第一のタイプのように，］世界と言明が対応する透明な回路を独占できないし，［第二のタイプのように，］対応を仲介するフィルターの把握を専有することもない。一般人と研究者の関係は『アクター』と『アクターを追う者』として連続的に捉えられ，研究者もまた世界に内在するアクターであるから，両者は対称的に捉えられる。一般人がある対象Ｘについて『Ｘとは〜〜ですよね？』と訊き，研究者が『〈Ｘは〜〜である〉ことに関してあなたがやっていることを私に追わせて下さい。追跡と報告がうまくいけば私たちは議論を呼ぶ事実としてXを捉えられるようになるでしょう』と応えることで，両者共にこの世界（＝アクターネットワーク）が組み替えられていくプロセスに携わる関係になる。」［久保明教，2019：229］

さらに，「近代的な概念が『ＸはＹである』という仕方で構成されるのであれば，ノンモダニズムは『ＸはＹではない。ＹでないことをＺと名付け，ＸがＺであると考えれば，Ｚはいかなるものだと言えるだろうか』と提案するのである。」［久保明教，2019：232］

久保がノンモダニズム知識論の特徴を一般人－研究者関係において論述していることからわかるように，その特徴とは，一般人と研究者の如何に関係なく，ノンモダニズム知識論において両者が，「世界に内在するアクター」であり，「対称的」である，ということである。両者はともに，アクターとして内側からものごとを知るスタンスにある。しかも，両者は内側からものごとを内在的な関係性において知ることを常態としながらも，「ＸはＹではない（Ｘ≠Ｙ）。￢Ｙ＝Ｚとすれば，Ｚはいかなるものか」というように，「Ｘ＝Ｙ」というモダニズム知識論における対応説を超えて，「Ｘ＝￢Ｙ＝Ｚ」，ひいては「Ｘ＝Ｚ」が成立する条件におけるＺの本質」が確定するのである。この場合，モダニズム知識論の「Ｘ＝Ｙ」という対応説とはまったく異なる次元での「Ｘ＝Ｚ」，すなわち内在的な諸関係の中から「外在性を一時的に産出」するのである。この点は，モダニズム知識論とノンモダニズム知識論の決定的な違いを認識する上で重要である。なお，ノンモダニズム知識論については，Ⅱ章とⅢ章を通して詳しく述べることにしたい。

Ⅱ．ノンモダニズム知識論の始動

――交通問題をめぐる考察

1．法的コードと実践コード

――赤信号横断禁止という交通規則

私たちの社会は，さまざまな規則（ルール）によって成り立っている。その典型の一つが，交通標識や信号機である。ここでは，論を展開するにあたって，信号機，特に歩行者横断用の信号機を中心に述べることにしたい。

予め述べると，わが国の場合，歩行者は歩行者用信号機（以下，「信号機」で表記）の表示する信号もしくは警察官などの手信号にしたがわなければならず，万が一，信号無視をして横断した場合等々――それ以外にも，斜め横断するなどの無秩序な横断の場合を含む――，刑事罰の対象になる。そのことは，道路交通法第七条に明記されている（なお，煩雑さを避けるために，以下では，歩行者が赤信号を横断する場合に限定したい）。

このように，私たち歩行者が赤信号を渡らない（＝守る）ことは，道路交通法という法律（法的コード）を遵守することを意味する。ところが，私たちの世界は，いつ，いかなるときも法的コードを遵守するという具合に，単純に構成されているわけではない。裏を返せば，私たちは，早朝や夜中の，自動車や自転車の往来がほとんどないときに，つい信号無視をして道路を横断してしまいがちである（深夜，赤信号が点滅している場合は除く）。こうした，法的コードに抵触する横断の仕方は，どれだけ批判されようと，決してなくならないであろう。いま，法的コードとは対照的に，自動車等の往来のないときに行う，優柔不断な――無秩序な――横断の仕方のことを，実践コードと呼ぶことにする。

歩行者からみて赤信号は，停止することはしごく当たり前であるにもかかわらず，実際には，法的コードを逸脱した実践コードに沿った横断の仕方を選択してしまうのだ。

いま述べたことを仔細に記述すると，私たち歩行者からみた世界の内側は，信号機と横断歩道をはじめ，歩行者，自動車，自転車，道路網，道路のある地形，太陽光等々の諸要素から成り立つ［久保明教，2019：14］。つまり，私たち歩行者からみて，横断歩道を渡るという行為は，これら諸要素同士の相互的な関係性の只中においてアドホックに生成されるのである。このとき，歩行者からみてこの小世界は一切固定されておらず，常に変動している。むしろ，私たちはその時々の微細な差異・変化に気を奪われないために，その小世界を固定して認知しているにすぎないのである。

次に，歩行者からみて，横断歩道を渡るという行為がどれほど複雑であるのかについて，それと関連する前述した諸要素を取り上げ，再度，記述したい。そのことは，実践コードの複雑さを示している。

たとえば，信号機については，青か赤あるいは青の点滅かといった三タイプの状態がある。横断歩道については，最寄りか，それ以外かという二タイプがある。歩行者については，大人かそれ以外か（特に，子ども・高齢者），障害の有無，疲労度はどうか，急ぎかそうでないかといったさまざまな組み合わせ・タイプが考えられる。自動車については，その交通量が多いか，少ないかという二タイプである（要は，時間帯によって自動車の交通量は変動するかどうか）である。

自転車については，多いか少ないかという二タイプである（通学路の有無をはじめ，時間帯にともない，その交通量は変動するかどうか）である。道路網については，幹線道路か否かという二タイプである（幹線道路であれば，大型トラックや観光バスなどの往来があろう）。太陽光については，時間帯によって歩行者や車の運転手が眩しいか否か，そしてどのくらい眩しいか（眩しさのグラデーション）である。

さらに，こうした諸要素には各々，歩行者自身の 5W1H が加味される。簡潔に述べると，いつ，どこで，誰が，何を，何故，どのように（するのか），となる。

具体的には，いつ（時間の要素）については，早朝・昼間・夕方・夜のいずれか，である。どこで・どこを（場所の要素）については，最寄りの信号機のある横断歩道を，である。誰が（人の要素）については，さまざまな属性を持つ人たち，である。何を（内容の要素）については，横断歩道を渡った，である。なぜ（理由の要素）については，家へ帰るために，コンビニへ行くために，というように，さまざまである。どのように（方法の要素）については，普通に，ふざけて，気を逸らして（スマホをしながら），松葉杖をつきながら，バギーを押しながら等々，である。

総じて——ほんの一例ではあるが——，5W1H（いつ，どこで，誰が，何を，なぜ，どのようにした）に忠実に表すと，たとえば，深夜，仕事を終えた会社員は，いつもの横断歩道を，帰宅するために，赤信号から青信号へ変わってから渡った，となる。整序すると，深夜，仕事を終えた会社員は，帰宅するために，いつもの横断歩道が赤信号から青信号へ変わってから渡った，となる。

回りくどい表現になるが，赤信号を守るケース（渡ろうとすると，青が点滅し始めたが，渡り切ったケースも含む）では，歩行者の義務（交通ルールの遵守），すなわち「赤信号は渡ってはいけない」となる。これは，通常，選択される（であろう）実践コードよりも，法的コードが優先されることを意味する。法的コードは，実践コードの固定化，ひいては現実の固定化なのである。それは，世界のシンプル化である。

反対に，赤信号を守らない（渡る）ケースでは，前出の例を持ち出しつつ，5W1Hに沿って忠実に表すと，次のようになる（会社員は同一人物であるが，その人の状況次第では異なる選択を行うことがあり得る）。

深夜，残業を終えた会社員は，いつもの横断歩道を，一刻も早く帰宅するために，赤信号のときに渡った，となる。整序すると，（車の往来のない）深夜，残業を終えた会社員は，一刻も早く帰宅するために，いつもの横断歩道の信号が（青信号になるのを待たずに）赤信号のときに渡った，となる。

2．アクターネットワーク理論の認識論

——内側の認識／外側の認識

しかしながら，（この小世界の内に居る）私たち歩行者にとって，その小世界がいつもとは異なるフェイズで立ち現れてくることがしばしばある。それが，前述した実践コードを私たちが履行する場合である。その多くは，前述したように，交通量がほとんどない，もしくは少ない時間帯に，赤信号を無視して，左右に注意しながら，慎重に横断歩道を渡る場合である。

ここまで述べたことからすると，私たち歩行者が車の往来のない時間帯に赤信号を無視して横断歩道を渡ることは，ごく自然な行為であると考えられる。

つまり，実践コードは，私たちにとって自然な行為なのだ。その理由は，私たちが信号機と横断歩道をはじめ，道路を横断することにかかわるさまざまな要素同士の相互的な関係性のもとに選択した行為だといえるからである。もっというと，実践コードは，私たちにとってこの小世界の内側にあるすべての要素を固定したものではなく，アドホックに変動・生成するものであることを前提としている。

むしろ，赤信号を遵守せよという法的コードの方こそ，横断歩道を渡るという歩行者の行為を固定したものと捉えている。というのも，歩行者からみて，「赤信号＝いついかなるときでも止まれ（渡るな）」にはじまり，「自動車および自転車は，前方を注意しながら進め」というように，一方的にかつ機械的にそのときの交通にかかわるすべての事柄が固定化されるからである。さらに，それ以外の諸要素，すなわちこの信号機の置かれた道路網の属性（幹線道路か否かなど），道路のある地形（信号機が見づらい［＝見通しの悪い］地形か否か），太陽光（太陽光の影響を受けるか否か）は，どうでもよい副次的な事柄になってしまう。要は，歩行者が赤信号を守りさえすれば——補足的にいえば，車が前方を注意しながら進行しさえすれば——，何も問題はないわけである。

繰り返しになるが，法的コードは，歩行者の道路横断にかかわる諸要素同士の相互的関係性が最小限にもしくはゼロに設定されたものなのである。この小世界には，何ら変化・変動は起こり得ない。起こり得るとすれば，それは，歩行者もしくは車が交通ルールを侵犯したときだと捉えられる。

以上のように，法的コードと実践コードをまったく対照的に取り上げてきたが，両者の相違は，単なる交通規則についての反応の違いではなく，それを超えて二つの知識論的な差異へと到りつく。それは，一体，どういうことか。この点について久保明義は，こうした交通規則問題を単なる比喩だと前置きしながら，次のように述べている。

「知るとは，様々な要素関係づけることである（その良し悪しも関係づけの只中において生じる）。世界の内側を生き，様々なことを知り，様々な関係性のなかで行為している」のであり，こうした知り方こそ，「ノンモダン」[久保明教, 2019：16] なのである，と。

よくよく考えると，交通問題に登場する信号機は，モノでありながら，そのモノを媒体にネットワークが生成されるところの「アクター」である。ここで，「モノ」は特に，「準－客体（quasi-object)」（M.セール）と名づけられる。つまり，ここで信号機は，「モノ＝準客体」でありながら，「アクター」として，さまざまな諸要素を相互的に関係づけて，ネットワークを生成するところの媒体なのである（仲介では決してない)。いま述べたことは，ラトゥールが提唱したＡＮＴの基本的な考え方を記述したものである。

ところで，いま述べた，世界の内側にある諸要素の相互的な関係性もしくはアクターを媒体とするネットワークの生成（変動）は，ノンモダンもしくはノンモダン思考法の半面にすぎない。実は，こうした，世界の内側にあってさまざまな関係性の中で行為することは，必然的に外側の認識を創出する。つまり，内側（から）の認識は，外側（から）の認識を産出するのだ。具体例を用いて述べると，次のようになる。

J.C.スコットは，ノイブランデンブルクの交通問題について考察する中で，赤信号の存在を疑問視しながらも，それを必ず遵守しなければならないケースがあるとして，次のように述べている。

「今や私は信号を無視する前に，自分の悪い見本によって危険に晒されてしまうかもしれない子供がいないか，辺りを見渡して確認するようになった。」［Scott, 2012=2017 : 7］，と。

よくよく考えると，大人と子どもが一緒に信号待ちをしているとき，大人が青信号になるのを待ってから横断歩道を渡るならば，それを目の当たりにする子どもは，赤信号のときは横断歩道を渡ってはいけないということを実感するとともに，交通規則を守ることを再認識すると考えられる。

それとは逆に，同じ状況で，大人が青信号になるのを待たずに，平然と（傍若無人に）赤信号で横断歩道を渡るならば，それを目の当たりにする子どもは，一般的には赤信号で横断歩道を渡ってはいけないことになっているが，それは実は，タテマエ（ウソ）にすぎず，本当は渡ってもいいのだと認識してしまうかもしれない。

いま述べたこの二つの，相異なるケースについてさらに分析することにしたい。

前者のように，子どもが居る状況で大人が赤信号を渡らないのは，スコットよろしく，大人が赤信号を渡るのを子どもが真似ることで，その子どもが危険に晒されるのを避けるためである。この場合，大人は今後起こり得る子どもの行動を予期（想像）することで，赤信号を渡ってはいけないという交通ルールを自ら再認識するのだ。つまり，大人は自明な事柄を子どもを通して再認識していることになる。

一方，子どもの方はどうかというと，子どもは赤信号を渡ってはいけないということ，ひいては赤信号横断が交通ルール違反であるということをあらためて認識することになる。赤信号のことを再認識するという点では，同じ横断歩道に居合わせる大人も子どもも同じなのである。

さらに，重要なのは，こうした体験を通して大人も子どもも，赤信号横断が交通ルール違反であることを再認識することが，自然に内側から知ることから外側から知ることへと認識変更を余儀なくされるということである。外側から知ることは，内側から知ることから生成されてくる。そして，大人にとっても，子どもにとっても，「赤信号」は「渡ってはいけない」という知識および道徳と一致・対応することになる。ところが，「赤信号」という対象と，「渡ってはいけない」という意味が一対一対応すること，一般的には，「対象」と「表象」もしくは「世界」と「言語」が一致することは，きわめて例外的なケースである。久保がいみじくも述べるように，「世界と表象の対応説的な正しさは派生的な効果の一つ」にすぎない。裏を返せば，「赤信号」という対象と，「渡ってはいけない」という意味が一致・対応するのは，外側の立場に立つときのみである（ただ，外側の立場に立つ以前に，内側の立場から赤信号横断が正しくない行為であることは，誰もが直観的に知っている)。

では，同一の状況で大人が赤信号で横断歩道を渡るのを目撃した子どもの場合はどうであろうか。この場合，子ども（特に，幼児）は大人を真似て，別の機械に赤信号横断を行い，危険な目に遭う，もしかすると，交通事故に巻き込まれるかもしれない。ただ，このシナリオはあまりにも単純すぎる。むしろ，子どもは大人の赤信号横断に疑問を感じて親や教師に問い糾すかもしれない。あるいは，赤信号横断を交通ルール違反であることを再認識する子どもが少なからず出てくるであろう。この場合，大人は子どもにとって反面教師となり，赤信号横断が歴とした交通ルール違反であることを再認識する機会となり得る。つまり，前者と同様，子どもは外側から「赤信号」は「渡ってはいけない」という知識および道徳と一致・対応させることになる。つまり，それは，前述した「世界」と「言語」の対応である。

3．信号機に表れる歩行者の心境変化

ところで，信号機は，個々人にとって思いも寄らない対象となり得るケースがある。ここで紹介する事例は，ある人物の人生とかかわる，アクターとしての信号機（赤信号）についてのものである。森直久は，自らの生態学的知覚論を展開するにあたって，「事故で片脚を失った人」という事例を取り上げている。その事例を森の論述を敷衍しつつ説明すると，次のようになる。なお，ここで「事故で片脚を失った人」を仮にAと呼ぶ。

Aは，事故後，片脚のない状態で「いま－ここの自己」を懸命に生きている。そうした彼が，信号機の付いた，いつもの横断歩道を渡ろうとしたとき，歩行者用信号機が青に点滅し，今にも赤へ変わろうとした。事故前のAであれば，信号が赤へ変わらないうちに横断歩道を一気に駆け抜けたことであろう。ところが，事故後のAは，杖を使って渡らなければならないことから，次の青信号まで待つしかなかった。彼に選択の余地はない。環境はいつもの（お馴染みの）横断歩道ということで（昔と）同じであるにもかかわらず，Aにとって信号の色（青の点滅）が意味することは，「（急いで）渡れ」から「止まれ（急ぐな）」へと変化したのだ。

このように，事故後のAは，二つの自己，すなわち「過去の自己」と「現在の自己」が分裂しているのである。「過去の自己」とは，事故前の「両脚を持つ」自己であり，「現在の自己」とは，事故後の「片脚を失った」自己である。この場合，二つに分裂した自己の重心は，片脚を失ったか否かという差異にあ

るというよりも，各々の自己が発揮している「予見性」の差異にある。つまり，「過去の自己」が，信号が青から赤へ変わりかけても駆け抜けることができるという予見性を持つ（持っていた）のに対して，「現在の自己」は，いまは駆け抜けることができないから次の信号を待つという予見性，さらには，事故によって片脚を失ったことに対する後悔という予見性を持つ。

そして，分裂した二つの自己（「過去の自己」と「現在の自己」）を入れ子とする「より長い持続＝いま－ここの自己」が要請されてくる。裏を返せば，エージェント（A）は，「いま－ここの自己」といった，長く持続する自己を保持するからこそ，「過去の自己」と「現在の自己」を同時知覚することができるのだ。そして，エージェント（A）は，「過去の自己」の予見性と，「現在の自己」の予見性との差異を見出し，後悔の念を抱くことになる。

重要なのは，エージェント（A）が二つの予見性の差異を見出すとき，生態学的知覚論の立場からは，知覚モードから想起モードへの移行が生じている，ということである。生態学的知覚論において，想起は知覚の変形である。知覚モードから想起モードへと移行するときは必ず，Aのように，エージェントにとって「現在の自己」からみた，「過去の自己」の過去感・変化感をともなう。この場合の過去感・変化感とは，Aの場合で述べると，片脚を失う以前はできていたのにもかかわらず，事故で片脚を失ってからはできなくなった，といった予見性の差異を示すものである。

以上，森の論述に沿って，お馴染みの歩行者用信号機（＝アクター）をめぐる「事故で片脚を失った人（A）」の心境の変化を綴ってきた。本事例は明晰であり，誤解を恐れずにいえば，特に生態学的知覚論という理論を持ち出さなくても，説明し得るものである。とはいえ，生態学的知覚論においては，自己という情報を含む環境を知覚の対象とすると同時に，「過去の自己」から「現在の自己」への変化を，アクターとしての信号機を中心に環境そのものの変化として捉えていることは，秀逸である。しかも，そうした「自己／環境」の変化は，知覚モデルから想起モデルへの移行の過程において記述されている（時間の，空間的変換とでもいうべき方法が採られている）。

本事例は，ＡＮＴおよびそれに基づくノンモダニズム知識論とは，直接，関係がないにもかかわらず，個人の人生や生き方が信号機というアクターを中心とするネットワークによって変容する相貌を端的に示していると考えられる。もっというと，生態学的知覚論に基づく信号機の記述は，信号機の色を意識しながら，横断歩道を渡る人物の内面についての記述にまで及んでいる。モノは，私たち歩行者にのっぴきならない影響をもたらしているのである。

４．共有された空間としての交差点

これまでは赤信号横断が交通ルール違反であるという法的コードを前提に論を展開してきた。ところが，よくよく考えてみると，赤信号横断否定という考え方（以下，赤信号横断否定論）は，アクターとしての信号機をはじめ，それにかかわる，歩行者，自動車，自転車，道路網，道路のある地形，太陽光等々の，諸要素の相互的な関係性をことごとく軽視したものではなかろうか。というのも，赤信号横断否定論は，諸要素から成るこの小世界を固定的に捉えてしまうからである。もっというと，それは，この小世界をあまりにも単純なものへと縮減してしまうのだ。

すでに述べたように，赤信号横断否定論は，文字通り，「赤信号＝渡っては

いけない（というシグナル）」もしくは「赤信号横断禁止＝遵守すべき交通規則」という具合に世界を固定化することで，それ以外の諸要素，すなわち歩行者，自動車，自転車，道路網，道路のある地形，太陽光等々の存在を軽視してしまうことになる。たとえば，歩行者の行為であれば，「赤信号は渡らない」，「青信号は渡ってよい」，「点滅する青信号は早く渡り切るもしくは次の青信号まで待つ」というように，歩行者の選択は極力，制限される。そのことは，自動車や自転車の場合も然りである。信号機の横断については，その横断歩道およびそれがある道路網が，幹線道路であるため，普段から交通量が多いか，それとも幹線道路でないため，交通量が少ないかが関係してくるはずであるが，赤信号横断否定論の立場からは，重要な情報である。ところが，情報そのものにさえなり得ない（情報になるのは，せいぜい，渋滞情報くらいである）。また，その横断歩道および道路があるところは，どのような地形なのか，すなわち見通しのよいフラットな地形なのか，見通しのよくない勾配のある地形なのか等々が関係してくるはずであるが，赤信号横断否定論の立場では，そうした地形云々はどうでもよい事柄になってしまう。ましてや，その横断歩道および道路のあるところが，時間帯や季節によっては太陽光で歩行者，自動車，自転車が見づらい場合が出てくるはずだが，やはり，赤信号横断否定論では，副次的な事柄になってしまう。

こうして，信号機をアクターとするネットワークの諸要素は，固定化されてしまい，変動・変化のないものとなってしまうのである。むしろ，赤信号横断否定という法的コードは，その小世界を固定化することによって交通事故を軽減させることを目的としているのだ。こうした世界に，実践コードが入り込む余地はないようにみえる。それは本当なのか。ところが，法的コードが実践コードへと変化することでかえって，交通事故および交通トラブルが激減した事例が現実に存在する。次に，その事例を，スコットの論述に沿ってみていくことにしたい。

スコットは，交差点にある信号機の目的について，次のように述べている。

「第一次世界大戦後にアメリカで開発された信号機は，それまで歩行者，荷車，自動車，自転車が行っていた譲り合いを，交通工学者の判断で代替するものであった。その目的は，調整を機械化することによって交通事故を防ぐことにあった。」［Scott, 2012=2017 : 96］，と。

しかしながら，交差点における信号機は，スコットがノイブランデンブルクで体験したように，次のような事態を招来したという。

「明らかに交通がまったくないにもかかわらず，多くの人が信号が変わるのを辛抱強く待つ光景である。彼らは習慣からか，もしくはおそらく交通規則に反することの結果を恐れる市民的な感情からか，彼ら自身の判断を封じ込めていた。」［Scott, 2012=2017 : 96］，と。

では，ノイブランデンブルクの地形はどうかというと，「パンケーキのように平らで見晴らしが良かった。交差点からそれぞれの方向をじっと凝視すると，たいていシャドウには車の往来がまったくなく一マイルほどを見渡すことができた。」［Scott, 2012=2017 : 4］という。

このように，ノイブランデンブルクの道路は，ほとんど車の往来がないにもかかわらず，歩行者（市民）のほとんどは，赤信号から青信号へ変わるまでとにかく辛抱強く待つ。万が一，一部の歩行者が信号無視をして交差点を渡り始めるものならば，「一斉に生じた非難のざわめきと舌打ちに」［Scott, 2012=2017 : 4］見舞われるのだ。それくらい，この街の人たちは，信号規則を遵守するのである。なお，こうした傾向は，いかなる時間帯でも同じであるという。

このように，ノイブランデンブルク市民（歩行者）は，信号無視をする一部の歩行者に対しても不寛容であることからわかるように，交通規則に到って従順である。彼らは盲目的な交通規則遵守者であり，結果からみると，赤信号横断否定者となる。

ただ，彼らのように，交通規則に従順であることは，前述したように，信号機のある横断歩道に子どもと一緒に居る場合，良い見本となり得るということで，望ましい行為だといえる。ところが，ノイブランデンブルクの市民のように，あまりも交通規則に従順であるのは，どうであろうか。むしろ，それ以外に交差点もしくは横断歩道を渡る方法はないのであろうか。

スコットは，信号機以外の代替案として，H.モンデルマンが提唱した「『赤信号の除去』計画」［Scott, 2012=2017 : 96］という代案を提示する。モンデルマンは，「赤信号の除去」に対して，「共有された空間」［Scott, 2012=2017 : 97］という概念を対置する。それは，「交通管理のための『共有された空間』」［Scott, 2012=2017 : 98］の謂いである。そうした「共有された空間」は，「自動車運転手，自転車乗り，歩行者たちの知性，常識，注意深い観察から構成されている。」［Scott, 2012=2017 : 98］

要するに，モンデルマンは，交通管理を赤信号という国家の秩序装置に委託するのではなく，共有された空間としての交差点に集うさまざまアクターたちおよび彼らが自生的に生成する秩序（自生的秩序）に託するのである。つまり，自動車運転手，自転車乗り，歩行者たちは，各々の「知性，常識，注意深い観察」を活用しながら，相互的に良い関係を切り結んでいくのである。

以上述べてきた，こうした自生的秩序は，事実，環状交差点という新しい交通管理法として結実した。環状交差点（［現代的］ラウンドアバウト）とは，環状の道路に自動車の一時停止位置および信号機がない交差点のことである。しかも，信号機などがある交差点からこの環状交差点への切り換えによって，交通事故件数は激減した。私たちは，道路標識や信号を多くして，交通の取り締まりを強化する方が交通事故は減ると思念しているが，かえってその方が交通事故や交通トラブルは増加するのである。その理由は，スコットが述べるように，「信号が過剰になると運転手はかえって道路を見なくなり，交差点は事実上，より安全でなくなる」［Scott, 2012=2017 : 97］，と。さらに，運転手は，「信号と信号の間でスピードを上げ，ライトをめいいっぱい光らせ，すべての自発的な親切行為を行わないようになる。運転手は，やりたいようにやるために規則の迷路をくぐり抜ける方法を習得してきた」［Scott, 2012=2017 : 98］のである。

裏を返せば，前述したように，交差点を「共有された空間」として，自動車運転手，自転車乗り，歩行者が各々の知性，常識，注意深い観察を活かしながら，お互いのことを配慮・譲歩し合う中ですべてのアクターたちにとって望ましい交通秩序は，自然に生成されていくのである。こうした相互的な関係性が生成されるとき，赤信号は不要になる可能性がある。

このように，スコットは，文化人類学的な観察によってノイブランデンブルクにおける交差点の渡り方について思索した。彼が試みたのは，法的コードが歩行者に強いる「赤信号横断＝交通規則違反」に対する，究極の実践コードとしての赤信号除去の対置（オルタナティヴ）である。つまりそれは，法的秩序に対するローカルな自生的秩序の対置を意味する。こうした対置によって，交差点・信号機をめぐる小世界の固定化が解除されると同時に，それに代替してこの小世界に集うさまざまな諸要素の相互的な関係性が創出されていくのである。そのことは，実践コードが法的コードに取って代わられる歴史的瞬間なのである。

Ⅲ．ノンモダニズム知識論の展開

――「アマゾンにおける森林・サヴァンナの土壌遷移」事例にみる科学的知識の生成過程

ラトゥールは，著書『科学論の実在論』の中で，科学的知識の対応説，すなわちモダニズムの知識観を検討するために，アマゾンにおける森林・サヴァンナの土壌遷移についての調査研究を事例として挙げている。ラトゥールは，現地人の植物学者（一名）・地理学者（一名）とフランス人土壌学者（二名）と一緒に，同調査研究に同行・参画しつつ，土壌についての研究が報告書へと詰め込まれる過程，すなわち科学的知識の生成過程を詳細に観察・記録する。彼らは専門分野こそ異なるが，森林がサヴァンナに向けて前進しているのか，それとも，サヴァンナが森林に向けて前進しているのか（森林もしくはサヴァンナの遷移）について解明することを共通の研究目的としている。

ところで，ラトゥールが本事例を通して明らかにしたいことは，次の点である。

「古い決着法は，言葉と世界の間の断絶から出発し，そして，根本的に異なる存在論的領域として理解されたもの――言語と自然――の間の危うい対応関係を通じて，この大きな隔たりに小さな橋を架けようと試みた。私は，対応関係もなければ，断絶もなく，二つの異なった存在論的領域さえなく，ただ一つのまったく異質の現象，すなわち循環する指示（reference）のみが存在することを示したい。」［Ratour，1999=2007：33-34］，と。

端的に述べられているように，ラトゥールの目的は，事例を通して科学的知識における，「世界と言語の対応説」，すなわち「跳躍論者モデル」[Ratour，1999=2007：88] と，「循環する開示」，すなわち「双方向移動モデル」[Ratour，1999=2007：89] との対置および前者から後者への移行およびその根拠を論証することにある。

ではまず，本事例の研究過程をラトゥールの論述を敷衍しながら，みていくことにする。なお，本研究は，植物学者と土壌学者では研究対象が異なる，よってそれにともない，研究方法・手順が異なることから，各々，別個に取り上げたい。

1．植物学と土壌学からのアプローチ

まず，植物学者の研究手順は，次の通りである（以下，論述形式は現在形で行う）。

植物学者は，調査地の森林に一定間隔毎にタグを付けることで，膨大な面積である調査地をデカルト座標のグリッドへと縮減する。それによって，各々の植物をたとえば，「234」という徴表（指示）を割り当てる。そして，植物学者は，四角形に分割された森林の中，いわば「実験室」の中から標本を切り出す。さらに，植物学者によって採取された標本は，植物研究所へ移送される。同研究所には三等級に分かれた棚板を備えた棚があり，その標本はそこに整理・分類される。植物学者は，自らの関心によって（今回およびそれ以前に）移送した標本と代表を，森林コレクションにする。その森林コレクションは，植物学者によって小さな部屋のテーブルの上に置かれ，そこで新たな知見を発見されていく。

当初，この植物学者は，森林が前進していると考えていた。ところが，本来，サヴァンナで見出される火に強い樹木の種と同一種の樹木が，森林の内側十メートルほど入ったところにも存在しているのを発見する。その発見によって，森林がサヴァンナに向けて前進するための斥候兵なのか，それとも，サヴァンナの前進（蚕食）によって犠牲にされたしんがりなのかを判断することができなくなる。

植物学者の結論はさておき，彼女によって，森林（調査地）は，まず，デカルト座標のグリッド（＝四角形への分割）へと変換され，そこから採取された標本へと変換され，その標本が植物研究所へと移送されて，同研究所にある，三等級に分かれた棚板を備えた棚（＝森林コレクション）へと変換され，最後に，その森林コレクションが部屋のテーブルの上で植物学者の思考対象へと変換され，最終的には報告書または論文へと変換されることになる。

こうして，植物学者によって森林は，「デカルト座標のグリッド→そこから採取された標本→植物研究所の棚の森林コレクション→テーブルの上での思考対象→報告書または論文」へという具合に，次から次へと変換されていくことになる。

ラトゥールは，こうした植物学者の研究活動をいみじくも，「このテーブル上での置換を通じて，森林とサヴァンナの界面は，科学者と植物学と森林のハイブリッドの混合物へと転化する」［Ratour, 1999=2007：52］と述べている。それは，植物学者の研究活動プロセスを過不足なく表現していて，言い得て妙である。

次に，土壌学者は，植物学者とは異なる研究手順によってアプローチしている。その研究手順は，次の通りである。

土壌学者は，その専門的立場から，調査地の土壌を掘り出すことが求められるが（地面の穴を掘ることで土壌の断面を見える化する，いわゆる，物質の，土壌の層としての層準の可視化），その作業をするために穴の位置を測量しなければならない。彼らは，その手段として，コンパスによる角度の測定と，ペドフィルという道具を用いる。特に，ペドフィルは，数多の糸を掃き出し，それで地面を覆うことで穴の位置を測量するための道具である。土壌学者は，ペドフィルによって土壌を掘り出す穴の位置・距離などを正確に測る。そして，各々の穴から土壌を掘り出し，円筒形の土壌サンプルを採取する。次に，そうして各々の穴から採取した，円筒形の土壌サンプルを，土壌比較器という道具によって土壌を分類し，分析する。この土壌比較器とは，サヴァンナの草の上に，正方形をなすように並べられた空の小さなボール紙の立方体の装置であり，それが織り成すデカルト座標によって土壌の成分を深浅等で色分けすることによって比較するものである。しかも，土壌比較器は，スーツケースとしても使えるように工夫されていて，掘り出した土壌は，そのまま移送可能な「土壌コレクション」となる。彼らは，実験室へ移送された「土壌コレクション」を，方眼紙上の図表（ダイアグラム）に仕上げ，それをもとに報告書（報告文）もしくは論文としてまとめ上げる。

土壌学者の結論はさておき，彼らによって，土壌（調査地）は，まず，ペドフィルという地面の幾何学的空間化へと変換され，土壌のサンプル化作業を経由して，土壌の空間的配列化へと変換され，次に，図表（ダイアグラム）へと変換され，最終的には，報告書（報告文）もしくは論文へと変換されることになる。

こうした一連の変換の中でとりわけ印象的ものは，土壌比較器であるが，それがもたらす変換について，ラトゥールは，次のように論述している。

「土壌比較器は，森林－サヴァンナの遷移を，ダイアグラムと同じくらい二次元的で，地図と同じくらい簡単に観察可能で，一組のトランプを切り直すのと同じくらい簡単に置換可能で，スーツケースと同じくらい簡単に移送可能な実験室の現象へと変換した。」[Ratour，1999=2007：68]，と。

このように，植物学者と土壌学者は，各々，独自の研究方法に基づきながら，調査地（森林・サヴァンナの土壌）という対象を次から次へと変換し，最終的には言語（文章）へと変換している。

ところで，当初，土壌学者は，土壌学の常識に基づいて，サヴァンナが森林に向かって前進していると考えていたが，前述した植物学者の研究成果によって考えを改めた。つまり，これまで専門的に支持されてきた仮説とは真逆に，森林がサヴァンナに向かって前進しているのではないか，と。そうした結論に到った理由は，次の通りである。

「地表付近での粘土への肥沃化は，新たな地層の形成によっては生じ得ない……これを成しうる唯一の作用因はミミズである。研究対象地域におけるミミズの活動は確証されており，ミミズは七〇センチメートルの深さまでの地層に含まれる炭化物を大量に処理している。したがって，ミミズの存在数の調査とその活動の測定により，この研究の継続にとって本質的なデータが提供される。」[Ratour，1999=2007：96]，と。

以上のことから，ラトゥールが参画したアマゾンの森林・サヴァンナ土壌遷移の研究は，植物学と土壌学から各々のデータが提示され，照合されることによってまったく新たな方向づけ（現地におけるミミズ調査）がなされていくのである。

ただ，ラトゥールが本研究を通して論証したかったのは，そうした結論ではない。本章の冒頭で述べたように，ラトゥールが企図していたのは，科学的知識における「対応説」，すなわち「跳躍論者」モデルの誤謬を指摘するともに，「循環する指示説」，すなわち「双方向移動」モデルを正当化することにある。

次に，そのことを中心に，これまでの科学者たちの研究過程を考察していくことにしたい。

2．循環する指示

——対応説を超えて

すでに述べたように，植物学者と土壌学者は，調査研究する過程で各々の対象としての自然（植物・土壌）を，次から次へと「変換」していった。植物学者によって，森林（植物）は，「デカルト座標のグリッド（＝四角形への分割）」への変換，「各々の座標から採取された標本」への変換，「植物研究所の棚の森林コレクション」への変換，「テーブルの上での思考対象」への変換，そして「報告文」への変換というように，次から次へと変換された。

一方，土壌学者によって，森林（土壌）は，「ペドフィルという地面の幾何学的空間化」への変換，「土壌の空間的配列化」への変換，「図表（ダイアグラム）」への変換，そして，「報告文」への変換というように，植物学者と同様，次から次へと変換されたのである。

つまり，植物学者と土壌学者は，各々の研究手法によって複雑な自然（世界）を表象（言語）に凝縮していった。そうした凝縮のためには，何回もの「変換」が不可欠であった。平たく述べると，科学者が世界（対象）を表象（言語）に，具体的には，〈アマゾンにおける森林・サヴァンナの土壌遷移〉という対象を，「〈アマゾンにおける森林・サヴァンナの土壌遷移〉についての報告文」に凝縮するためには，前出したように，幾度にも及ぶ変換を経なければならないのだ。

ところで，対象（世界）から言語（表象）に向けての，一連の変換についてラトゥールは，物質（質料）と形式（形相）の対概念によって説明する［Ratour, 1999=2007：89］。予め述べると，ここまで論の展開上，対象から言語へと向かう一方通行として説明してきたが，実は，対象と言語をめぐっては，対象から言語へ，言語から対象へというように双方向となる（双方向移動モデルと呼ばれる所以である）。前述した土壌学者の場合で述べると，たとえば「ペドフィルという地面の幾何学的空間化」から「土壌の空間的配列化」へは，物質から形式への媒介となるが，それとはまったく逆方向の，形式から物質への媒介となる，「土壌の空間的配列化」から「ペドフィルという地面の幾何学的空間化」へも成り立つのだ。一言でいえば，両者の関係は，可逆的もしくは双方向的なのだ。ただし，ラトゥールが述べるように，物質と形式のあいだには「断絶」［Ratour, 1999=2007：89］は，存在する。

そして，ラトゥールが図示しながら（38 ページの図2参照），次のように，注目すべきことを述べている。

「深淵によって隔てられ，対応という危険な橋によって関係づけられた言葉と世界という規範的モデルを得るためには，循環する指示を考え，結び付きを不透明なものにする不要な中間項を消去しさえすればよい。これは，過程が（暫定的に）終了した場合にのみ可能である。」［Ratour, 1999=2007：89］，と。

ただ，ラトゥールのこの言明は，誤解を生みやすい。急いで述べると，ラトゥールは，モダニズム知識論の対応説を肯定しているわけではない。むしろ，本事例でいえば，植物学者や土壌学者によって，土壌が報告文へと変換される過程で生み出された，膨大な「アクター＝媒介項」同士の諸関係が安定化するときに限り，この「不要な中間項（＝媒介項)」を「消去」できるのである。

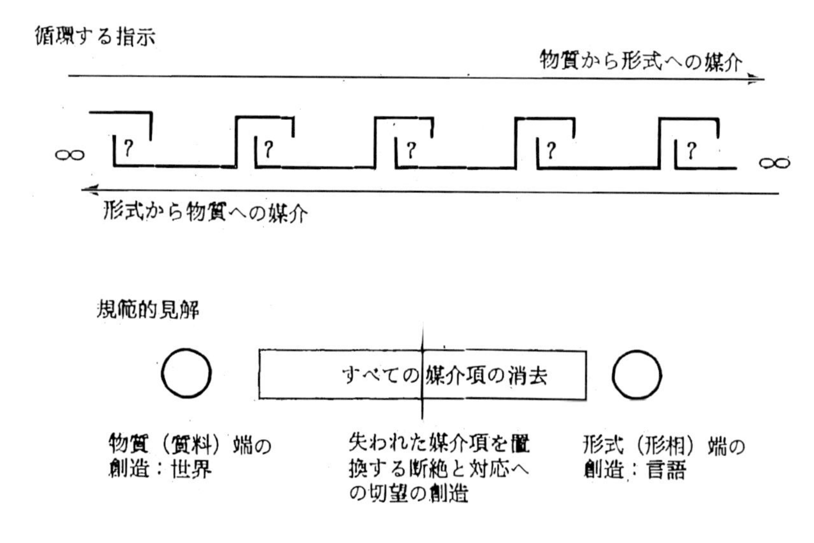

図２　循環する指示と規範的見解（対応説）

そのことについて，久保はいみじくも次のように述べている。

「言葉（報告書の文章）が世界について何かを表象しうるのは，それが世界＝アクターネットワークの中に適切な位置を占めることに成功した限りにおいて，つまり，自らに固有の形式と物質性において非言語的な分節化の連鎖に連なる限りにおいてである。循環する指示を構成する内在的な関係性が，その一時的な効果としての外在的な知識（報告書と土壌の対応）を産出する。」［久保明教，2019：109］，と。

さらに，「膨大な媒介項が少数の仲介項に変換されるにつれて，私たち人間が世界を外側から観察／制御しているように見える状況が一時的に生みだされる。」［久保明教，2019：123］

とはいえ，内側から捉える限り，対象（現実）は，人間と人間以外のモノ（アクター）による，膨大な媒介項，すなわちハイブリッドの混合物から成るアクターネットワークによって成り立っているのであって，例外的に膨大な媒介項が少数の仲介項に変換されるときにだけ，私たちが外側から一時的に産出された知識を捉えることができるのだ。そうした知識論上の転倒・倒錯を回避するために，久保は，「だが，外在は内在の効果にすぎない。」［久保明教，2019：123］と述べている。外在的知識は，内在的な相互的関係性のネットワークの中から一時的に産出される知識にすぎないのだ。

こうしてみると，ノンモダニズム知識論のように，世界と言語の対応が，両者のあいだに実在する，アクターの内的，相互的な諸関係から一時的効果として産出されたものとする捉え方は，初めから世界と言語が厳密に対応するという前提に立つモダニズム知識論とは，似て非なるものである。Ⅰ章で指摘したように，学校知の知識論，というよりもモダニズムの知識観を前提とする学校知そのものは，外側から捉えた対象を言語によって指示することができること，ひいては世界と言語の対応説を自明視している。その意味で，知識論においては，過程と結果を取り違えてはならない。

繰り返すと，ノンモダニズム知識論では，内側から知ることが基本であり，外側から知ることはあくまでも例外なのである。外側から知ることが可能な場合は必ず，人間と人間以外のアクターから構成されるハイブリッドの混合物（アクターネットワーク）が消去されるか，もしくは，仲介項（一義的な入出力）に還元（単純化）されるかのいずれかなのである（いずれにせよ，その場合，諸関係が透明になっている）。

ところが，私たちは，学校知の知識観でみたように，就学後，教科書の記述のように，知識（科学的知識）が言語によって指示されるという，知識（対象）と言語（表象）の対応説を教え込まれてきたため，対応説を軽信してしまい，科学的知識の成立過程において，世界と言語のあいだに横たわるもしくは連鎖する膨大な媒介項（アクター），すなわちハイブリッドの混合物から成るアクターネットワークが実在していることに気づかない。

これまで，双方向移動モデルについて述べてきたが，ここでラトゥールが述べる「分節化」について言及したい。ここで分節化というのは，たとえば，土壌（アクター）がさまざまな道具や装置（その他のアクター）によって幾何学的空間化された地面，空間的配列化された土壌，図表（ダイアグラム），そして報告文という具合に，翻訳されることを意味する。つまり，アクターがそれ以外のアクターとの内的関係性のもと，相互にかかわることで影響を受けることである。この場合の分節化とは，非言語的分節化であって，言語が現実を言分けする，言語的分節化の謂いではない。

以上，ANTに基づくノンモダニズム知識論によってアマゾンにおける森林・サヴァンナの土壌遷移をみてきたが，調査地という自然（世界）が報告文という表象（言語）に凝縮される途上で，幾度にも及ぶ変換・翻訳・分節化をともなうのであり，その都度人間とモノ（アクター）および異なるアクターたち同士のハイブリッドの混合物が生成されるのである。

では次に，以上述べてきた，ANTに基づくノンモダニズム知識論を手がかりに，経験学習とそれが前提とする知識論を検討していくことにしたい。

Ⅳ．経験学習の知識論［１］

――ものをつくる授業

１．米つくり実践の教育目標と生徒の実態

当時，東京都の小学校教師，久津見宣子は，小学生５年生を対象に，「校庭を開墾して米をつくる」という授業を実践した。いわゆる，米つくりの経験学習である。それは，ものをつくる授業の一つに相当する。久津見は，米つくりの授業以外にも，パン作り，機織り，鉄作りなど数々のものをつくる授業を実践してきた［久津見宣子，1985：43-160］。こうした一連のものをつくる授業は，白井春男を代表とする「社会科の授業を創る会」における『人間の歴史』の一環として位置づけられた。ただ，筆者はそうした枠組みに収まりきらないものとして，久津見が初期に着手した，ものをつくる授業，特に米つくりの授業を今日でも意義のある実践として取り上げることにする（筆者は，初期久津見の実践を，『人間の歴史』を教えるための方法もしくは手段であるとはみなしてはいない）。

ところで，久津見は，米つくりの授業を企画するにあたって，本授業の目標を生徒が「余剰生産物」を理解することに置く。社会科教科書に記述されているように，米をはじめ穀物栽培の時代は，狩猟採集の時代とは異なり，食料が「余剰生産物」として貯蔵できるようになった。そのことで人類は，飢餓状態に陥るリスクが激減し，人口が激増していった。その一方で，余剰生産物は，生産労働に従事する人間（労働者）と，それに携わらない人間（専門家）という

ように，社会的分業体制を可能にした。それは，自ずと貧富の差を生み出した。かくして，余剰生産物は国家の成立基盤となったのである。

教科書あるいは一般の歴史書を紐解けば，米つくりは余剰生産物を生み出し，国家成立の礎（経済的基盤）になったと記述されているが，久津見自身述べるように，「穀物栽培と国家成立のかかわりを力説しても，ことばのうえだけの理解にとどまるのは明らか」［久津見宣子，1982：18］である。そのこと以前に，今日（当時）の生徒は，「ふだん農業を知ることなく過ごしてしまう環境にいて，コメとムギの識別もさだかではない。主食とする穀物を，どのようにして栽培しているかも，ほとんど知らないのが現状である。」［久津見宣子，1982：18］と述べている。

このように，久津見は，「余剰生産物」という概念を中心に，穀物栽培と国家成立とのかかわりを，言葉の上（＝教科書の文章）だけでなく，生徒が経験的に理解できるようにしたいと考え，多大の教材費と時間を要する，小学校としては大がかりな授業に取り組んだのである。したがって，本授業の目標は，あくまでも生徒が米つくりの過程についてのさまざまな知識を学習することを通して，「余剰生産物」の概念を習得することにある。

ところで，久津見の米つくりの授業は，学校の校庭に約 100 ㎡の水田用地を設定するところから始まる。文字通り，「校庭を開墾して米をつくる」のだ。そして，生徒とともに，開墾を行った上で，しろかき，苗代つくり（稲の苗を育てる水田つくり），田植え，施肥，除草駆虫を経て稲刈り，脱穀，精米，炊飯というように，長期間にわたる授業を展開していった。久津見は，開墾から収穫したご飯を食べることに到るまで，実に八ヶ月にも及ぶ経験学習を成し遂げたのである。

2．米つくり実践の概要

本授業の作業開始となった開墾から述べると，久津見は学校近辺に条件に見合う水田（借地）が皆無であったことから体育倉庫と体育館に挟まれた裏庭（校庭）を開墾して，二つの水田を作ることにした。ところが，教師と生徒がその校庭を開墾し始めると，その土の中から瓦礫・ブロック・鉄骨・石油缶などが出てきて，それらを取り除くことに多大の労力と時間が費やされた。また，瓦礫のせいで鍬の先がめくれた。瓦礫等の撤去作業は，四つのクラスによる交代制で行った。そして，表層部 20 センチくらいを掘ると，瓦礫が少なくなり，開墾は捗り，目標の，40 センチの深さまで土を掘り出すことができた。そのときの経験を生徒は「土を掘っているという実感がある」と述べている。また，堀り手と運び手の分業によって開墾の作業は進捗していった。

ところが，梅雨時の六月に入って雨が降り，水田が池のようになったため，生徒はバケツリレーで水田から泥水を掻い出した。

次の作業は，水田の水を保つために急ごしらえの水田の底にビニールを敷くことである。生徒は，水田に見合う大きさのビニールをつくるために，体育館でビニールを糊で貼り合わせて，それを水田に敷き詰めた。ビニールを敷き詰めた後，土を篩いにかけながら，その土を水田に入れた。土入れ作業は生徒にとって時間のかかる重労働であった。

次の作業は，田の中に水を入れるしろかきである。しろかきは，田起こしを終えた田に水を張って，土と掻き混ぜ，土の表面を平らにする作業である。しろかきの作業を通して生徒は，泥遊びや足の指のあいだから土が出てくる，何ともいえない微妙な感触を楽しんだ。

米つくりでは，開墾からしろかきへ到るまでの作業と同時進行で，苗代（苗床）つくりが不可欠である。苗代つくりとは，稲の苗を育てる水田つくりのことであり，田植えの時期から逆算して，その水田で稲の苗を育てるのである。

こうして，開墾からしろかき，それと同時進行で，苗代作りが完了した。次は，六月の田植えである。田植えでは，苗を植えるときの間隔を等分にするため，水田の長さに切ったビニールロープに，赤い布テープを 20 センチ間隔に結びつけ，それを水田の横に張って，赤いテープの印に合わせて稲を植えていった。

その後，水田に肥料を入れるとともに，水量の調整を行った。田植えの後，水量を調整するために，各クラスで水田当番を行った。また，除草・除虫・追肥を行った。こうした作業は，生徒によって夏休み中も続けられた。

八月下旬になると，出穂が見られ，開花し始めた。ところが，このタイミングでスズメが集まってきた。

九月の運動会では米つくりにちなんで，生徒は案山子などを用いて豊作踊りを演じた。

そして，十月になり，稲刈り（収穫）の季節を迎えた。生徒は，クラスの母親の指導を受けながら，稲刈りを実践した。

稲刈りに際して久津見は，余剰生産物およびそれを作り出した社会情勢を理解させるために，生徒に穀物の特性について考えさせた。とりわけ，米一粒が何十倍（ときには何百倍）にも増えることを生徒に確かめさせた。その結果，ある生徒は「実際に数えると 1 本に 136 粒とか 84 粒あったりする。1 株だけでも，446 粒あるんて，すごいと思った。」という感想を述べている。

ところで，刈り取った稲であるが，それは，スズメの被害に遇ったことから稲干しの場所を移した。

久津見は，自分たちが食べている米についてよく知らない生徒がいることを知り，刈り取った稲を食べる米にするためには，脱穀が必要であることを教えた。脱穀の道具には，手製と機械（脱穀機）という二種類があり，生徒はその各々を試した。

こうして，脱穀によって稲の穂が一粒一粒になったが，久津見は，まだこの段階では米を食べることができないことを生徒に教えた。その際，精米の過程，玄米と精米の違いなどについて実物を通して教えた。

本授業は，教室で精米した米を炊飯器で炊き，生徒が米食することで終了した。

以上，久津見の米つくりの授業のあらましをみてきたが，本授業を通して生徒が順次，経験したことを確認すると，次の通りである。

①校庭（裏庭）の開墾，②しろかき，①②と同時進行で，③苗代作り，④田植え，⑤施肥，除草・駆虫，⑥脱穀，⑦精米，⑧炊飯，⑨米食

学校における教科内容としての米つくりの記述は，教科書にしてほんの数ページである。そのため，教科書だけの学習は，生徒にとって言葉の上だけでの理解にとどまるが，八ヶ月にも及ぶ米つくりの実践は，生徒の感想からもわかるように──雨，鳥，虫，気温といった「自然との戦い」，自然とのかかわりから「農業は辛抱がいる」等々──，ものをつくる体験を積み重ねた者だけが知ることのできる内容ばかりなのである。

3．経験学習の事前と事後
——生徒は何を学んだのか

米つくりの実践の全容が明らかになったところで，次に，本授業が生徒にどのような影響を与えたのかについてみていきたい。そのことについては，すでに藤岡信勝が教育学（教育方法学）の立場から分析・考察をしている。そこで次に，それを手がかりに本授業の，生徒に対する影響について述べることにする。

筆者は，本授業に関する藤岡の分析・考察を精査する限り，彼が，生徒が本授業を受ける前と後でどのように変化したのかを主に二つの観点から分析・考察していると考えている。

一つ目は，教科書における米つくりについての記述箇所に対する生徒の理解が，授業の前－後でどのように変化したかである。

二つ目は，八ヶ月にわたる米つくりの実践後，生徒は各々感想文を書いたが，その感想文を通して読みとることができる生徒の変化である。

次に，順次，述べていきたい。

(1) 教科書理解の前－後

藤岡は，米つくりを経験した生徒は，次の教科書の文章を楽に読める（理解できる）として次のように述べている（藤岡が指定する教科書の文章を抜き出した上で引用したい）。

藤岡が引用する教科書の文章は次の通りである。

「日本であれ地を開こんして，耕地をひろげるくふうや努力が昔から各地でおこなわれてきました。」

「こうして稲作のしごとは田おこしをはじめ，かりとり，だっこく・かんそう・もみすりまでが，ほとんど動力機械によっておこなわれるようになり，農家の人手をはぶくのにたいへん役だっています。」

藤岡は，本授業の後の学習効果について次のように述べている。

「土地を『開こん』して「耕地」を「ひろげる」というのがどういうことなのかを，子どもは自分の経験を動員して解釈できる。『田おこし』『かりとり』『だっこく』などのことばが，意味をもってくる。これらのことばは記号の一種（言語記号）である。たとえば子どもにおいて『だっこく』ということばが意味をもつようになったということは，『だっこく』という言語記号と自己の経験のある範囲とを対応させることができるようになったということである。経験もまた分析してみれば，非言語記号を含むさまざまな記号のあつまりにほかならない。したがって，『だっこく』がわかるということは，記号と記号を対応させる規則を獲得したというのと同じことである。記号相互の対応規則を『コード』とよぶことにすれば，学習とは新しいコードの獲得のことであり，一般に学習者内部におけるコードの増殖のことである。」［藤岡信勝，1991：55-56］，と。

ここで，藤岡が学習を「コード増殖」と定義しているが──「『コード増殖』としての学習」［藤岡信勝，1991：55］──，その内実は，次の通りである。例示にもあるように，生徒が「だっこく」という言葉を理解できたというのは，「だっこく」という言語「記号」と，自らの非言語「記号」の対応規則（＝コード）を獲得したということなのである。ここで注意すべきなのは，彼が「五感によって受けとる情報はすべて記号である」［藤岡信勝，1991：56］というように，非言語記号を私たち人間が五感を通して環境から受容する情報（というよりも，感覚刺激）の総体だと広義に捉えているということである。裏を返せば，私たち人間の自己経験は，非言語記号の集合体であって，「だっこく」を経験することによって自己の中にそれにかかわる非言語記号が習得されることになる（職人・エキスパートが習得したわざのように，自己の中で非言語記号同士が相互に影響を与えたり，一つに統合されたりすることもあろうが，この点についてはこれ以上言及しない）。そうした経験なり，それに関連した非言語記号なりが自己の中にあるからこそ，「だっこく」という言葉が意味を持つようになるのだ。誤解してならないのは，記号相互の対応規則（コード）が，言語記号（言葉）と非言語記号（経験）との対応規則だということである（この場合のコードは，記号論や言語学からすれば，特殊なものである）。

以上のことから，生徒がものをつくることを通してさまざまな経験（自己経験）をすることは，自らの中に多種多様な非言語記号を習得することであり，そうして習得した非言語記号は，自ずと言語記号（言葉や概念）と対応することによって，その言葉や概念が生徒の中で意味として定着していく（端的には，生徒はその言葉の意味を理解するに到る）。

こうして，米つくりを経験した後の生徒からすると，すでに述べたように，自己の中に多種多様な非言語記号が習得されていることから，そうした自らの非言語記号と教科書の文章（言語記号）が相互に結びつくことで，教科書を十全にかつ容易に理解できると考えられる。そうした理解の仕方は，従来の授業のように，教科書だけを用いて言葉の上で米つくりに関する知識を獲得するのとは，雲泥の差である。その意味で，生徒にとって経験学習の有無は，教科書理解について途轍もない差異を生み出すことになる。

(2) 実践後の生徒の感想文からわかる学習効果

津久見による本授業記録の最後（「まとめ」）には，米つくりを通して生徒がわかったことを感想文として掲載している。藤岡も，この実践後に書いた生徒の感想文に注目し，分析を加えているが，筆者はそれを踏まえつつも，その感想文を二つに分けた上で分析・考察を行うことにする。

一つ目のタイプは，米つくり過程のその時々で生徒が感じたことを綴ったものである。

二つ目のタイプは，米つくりによって増殖したコード（自己の中の非言語記号と，言葉や概念としての言語記号が対応し，結びついたもの）を，次の新たな学習に活かしていくものである。教育学では，それを発展学習と呼んでいる。

まず，一つ目の例について述べる。

ある生徒は，「地面をほるのがたいへん。大きな石がごろごろ出る，土がかたい，力がものすごくいる，ほんのすこしずつしかほれない，つかれた。」というように，開墾作業に苦労して疲労したことを朴訥に綴っている。

またある生徒は，「体育倉庫の前の地面はふつうの地面なのに，ほって水をいれて，手を掛けると田んぼになるのにおどろいた。」というように，ふつうの地面でも条件を加えると水田になり得ることを驚きの感情をもって綴っている。

またある生徒は，「れきしをやったとき，むかし，かくし田をつくったといっても，山にちかいいすみっこのかげの方に田をかいこんするのは容易じゃない。」というように，水田に適していないかくし田作りがいかに大変であるかを，自分たちが体験した校庭（裏庭）の開墾と重ね合わながら，実感として語っている。それは，この大変な開墾作業を体験した者でないと語ることのできない類いの作文である。

次に，二つ目の例について述べる。

予め述べると，次に挙げる例は，藤岡と共通したものである。

「すずめを追いはらうのに，何をしてあるのか，よく見るようになった。①上野原（遠足）で――銀色のテープのかかし　②国領（市内）で――テープにピラピラを下げる　③いなか（東北）で――・金ぞくの板に切りこみをいれてつるす。・音の出るしかけをつくる。」［久津見宣子，1982：39］というように，生徒は米つくり（特に，田植え）のとき，実際にスズメを追い払うのに苦労したときの体験を想起しながら，農家ではスズメを追い払うのにどのような工夫をしているのかを観察し，比較している。この生徒は，米つくりの授業で増殖したコードを活用して今度はすずめ撃退法についての研究を進めている。

次に挙げる例も，藤岡と共通したものであるが，直前に挙げた例以上に，研究の域に達しているケースである。

「旅行して列車の窓からよく見るようになった。土地というものを考えるようになった。高い所は畑，くわ畑，低い所はオカボ，水田……の順だった。」，と。

藤岡がいみじくも次のように述べている。

「この子どもは，みずから人文地理学的法則を発見し，新しいコードを発明している。ひとりで発展学習をしているのである。」［久津見宣子，1982：58］，と。

米つくりの体験によって増殖したコードは，生徒を「初心の科学者」よろしく，想定外の研究に向かわせる機会を与えている。万が一，この生徒が自ら発見した「人文地理学的法則」（この段階では仮説）を実証することができれば，科学的研究に値するであろう。

これら以外にも，多くの生徒が自らの米つくり体験で見出したこと・気づいたことを綴っている。たとえば，（水量の少ない水田における）水の調節仕方の工夫，稲の太さと肥料の関係などを他所の農家の米つくりと比較しているが，それらは，研究への道につながっている。

なお，藤岡は，経験学習（直接経験の学び）が生徒のコード増殖を活発に行わせる類いの教育実践であることを指摘しつつ，そのことを教師の側から「予定情報」［藤岡信勝，1991：53］を超える生徒の「過剰情報」［藤岡信勝，1991：53］もしくは「ハミ出し学習」［藤岡信勝，1991：51］だと捉えている。ただ，それらは，前述したコード増殖を別の観点から述べたものである。つまり，「コード増殖としての学習」は，教師の「予定情報」を超えた，「過剰情報」または「ハミ出し学習」なのである。ただ，見方を換えれば，「過剰情報」または「ハミ出し学習」は，米つくり体験（という機会）を通して生徒が身につけることができた，学校外の知識（内部の知識）であるということができる。それは，前述した，子ども（幼児）が学校以前に・学校外で身につけた知識とほぼ同類のものなのである。むしろ，経験学習は，生徒にそうした知識を身につける機会を与えているのだ。そもそも，学校の予定情報を超えた学習（内容）こそ，経験学習のフォーマットなのである。

V．経験学習の知識論［2］

――マーケット教室実践

1．マーケット教室実践の概要

ところで，経験学習としては，前述した，米つくりのような，ものをつくる実践以外に，マーケット教室実践がある。マーケット教室実践は，戦後，アメリカから輸入されたコア・カリキュラムの一つであり，マーケット（市場）という「コア」を中心に据えて，教室の中で生徒が各々，お店屋さんごっこをしながら，さまざまなことを学ぶという経験学習である。それは，資本主義のしくみ，とりわけ分業体制のしくみを生徒が実際に店屋を経営することを通して学ぶ様式である。本実践については，池田久美子が独自の論理で分析・考察することによって，経験学習を再評価している。次に，池田が執筆した学会誌論文（以下，池田論文と略記）に沿ってマーケット教室実践の意義を理論的に捉えることにしたい。

まず，マーケット教室実践の概要について述べることにする。

予め述べると，池田論文は，『ベニヤの学校』［河内紀，1976：54-61］という著作の中で記述されている，コア・カリキュラムの授業実践を一次資料としていることから，それに基づいて本授業の概要をまとめたい。ここで参照するのは，鈴木彬という生徒が綴った，「ぼくらのマーケットごっこ」という作文である。

鈴木は，自分の父親が病気をしたことから，山田と一緒に薬屋をすることを選択した。そこで，彼らは教室で薬屋を開業するにあたって，街の薬屋に行って，薬についてさまざまなことを教えてもらった。そして，彼らは放課後，ぬかでズルチンやサッカリンを，チョークや絵の具で色のついた水を作った。

薬屋開業の第一日目（初日)，彼らは教室に店屋を作り，「生野菜には回虫の卵がついている」というポスターで虫くだしの宣伝をした。教師から店屋の営業資金と貯金帳・買物帳・売上帳を受けとった。彼らは得たお金で各々，モノを購入したが，その後，「あんまりつかいすぎてお金はたまらない」という感想を述べた。

第二日目，彼らは，新聞屋に店の広告を出してもらった。他の生徒にねずみ取りを買うように歩いたら，よく売れた。ただ，店屋をほったらかして釣り堀をしている最中に客が来たので，慌てて帰った。薬屋では，ズルチンと風邪薬がよく売れたが，予防薬は少しも売れなかった。先生がきて，お腹におできができているといわれて，彼らは困ってしまった（うまく対応できなかった)。

第三日目，彼らの薬屋に一年生が行列を成して，赤チン等々，綺麗な色のついた薬を買っていった。最終日のため，すべての店が割引セールをしたが，ラジオ屋と食べ物屋は大盛況であった。生徒は，お菓子を食べ過ぎてお腹を壊し，薬屋に来るだろうと待ち構えていたが，彼らは「くすり屋はふつうのみせより頭がいると思った。おかし屋のようには売れないけれど，買いにこないほうが病気の人がいないわけだから，ほんとうはいいわけだ。お金もないのに着物を作ったりたべものを買いすぎたりしては，おみせがつぶれてしまうこともわかった。」という感想を述べた。

以上，薬屋を開業した生徒（鈴木）が綴った作文を要約（一部は，そのまま掲載）したが，それは，マーケット教室実践後に書いたものだということから，本授業の学習効果を示す有力な手がかりとなる。

2．生徒の作文にみる経験学習の学習効果

池田論文では，本事例（本作文）を通して経験学習の意義を論証する（ひいては経験学習を再評価する）に先立って，本事例のマーケット教室実践をはじめ，経験学習が教育界で軽視されてきた背景と理由について言及している。この点は最重要であることから，筆者なりにその要点をまとめておきたい。

戦後，初期社会科の理念のもとに，生徒が「経験することによって学ぶ」様式，いわゆる経験学習は，学校で実践されてきた。ところが，その経験学習は，多くの教育学者および教育関係者によって，非能率的であり，生徒がいつまで経っても同じレベルの学びに低迷し，狭い範囲の知識しか習得できないと辛辣な批判に晒されてきた。そのことは，“はいまわる経験主義”と揶揄された。

しかしながら，経験学習そのものは，決して非合理で無意味な学習法（教育方法）ではない。むしろ当時は，誰もが経験学習の意義を評価できなかっただけである。つまり，池田が主張するように，経験学習そのものを否定する「系統学習」論者も，それとは反対に，経験学習の意義を評価する「経験学習」論者も，同一の知識概念，すなわち「狭い固定した『知識』概念自体」［池田久美子，1981：21］を前提に経験学習を捉えていた。つまり，「経験」対「知識（言語・概念）」というように，二元論的に分裂・対立した地平において，「系統学習」論者は，「知識（言語・概念）」を，「経験学習」論者は，「経験（前・非言語的知識）」を，各々重視した。何よりも問題なのは，両者が固定した知識観を前

提に不毛な論争を繰り返したことにある（不毛な水掛け論となったのは，両者が固定した知識観を前提としていたためである）。

裏を返せば，経験学習を正当に評価するにあたって必要なのは，池田のいう「狭い固定した『知識』概念自体」，端的には，固定化した知識観・知識論を内破し，新たな理論的枠組みを構築した上，あらためて経験学習の意義を論証することである。

本実践を通して池田が着目したのは，生徒が学校で教科書を通して教師から教えられる知識（学校知）ではない，もう一つの知識（生活知）である。つまり，それは，生徒からすると，学校以前に・学校外で「はいまわる」中で育まれてきた知識である。しかも，その類いの知識は，個々の生徒の中で自生的に成長（生長）し続ける。重要なのは，こうした生徒の中で育まれる知識およびその成長過程を，教師が連続的に捉えなければならないということである。むしろ，こうした知識成長のために不可欠な基礎づくりをすることが，学校に求められる学習方法だということになる。

このように，池田は，本実践（本作文）を通して，学校で伝達される知識以外の知識として，個々の生徒の中で育まれる知識およびその成長過程（の連続性）を見出したのである。

では，個々の生徒の中で育まれるこうした知識（生活知）は，どのように成長するのか。池田は，そうした知識は，探求の方法によって成長するという。その探求の方法としては，演繹，帰納，アブダクションといった三つがあるが，特に，アブダクションは，知識の成長を促進する探求の方法である。

3．二つのアブダクションの論理

ところで，池田論文については，注意すべきことがある。それは，池田論文が，本作文（一次資料）に沿って分析・考察した箇所と，本作文には書かれていないことに基づいて分析・考察した箇所があるということである。なお，彼らが街の薬屋でヒアリングしたことについては，そのことが彼らの薬屋にどのように反映させることができたか，その学習効果が明確な範囲でデータとみなすことにする（それは，前者の，本作文に沿って分析・考察した箇所と同類だと位置づけたい）。

さらに，本作文に沿って分析・考察した箇所（薬屋でのヒアリングを反映させた箇所も含む）と，本作文には書かれていないことに基づいて分析・考察した箇所では，各々に呼応して，アブダクションの論理が異なっている。予め，前者に関与するアブダクションの論理を「アブダクション１」，後者に関与するそれを「アブダクション２」と，各々，区別しておきたい。

では次に，各々について論述していきたい。

(1) アブダクション１――過剰コード化における自己のコードの組み替え

マーケット教室実践（経験学習）の前－後で，生徒はどのように変化したであろうか。そのことを知ることは，生徒がマーケット教室実践を通して何を学んだのかについて知ることを意味する。

一つ目は，本実践の前，生徒は，「薬屋」が「医薬品だけを売る店屋」だと考えていたのに対して，本実践の後，「薬屋」が「医薬品だけでなく，消毒薬などの予防薬，はえ取り紙，DDT などを置いている店屋」だと学んだということである。そのことは，彼らが薬屋で医薬品以外に，予防薬，はえ取り紙，DDTなどを売っていることからわかる。

二つ目は，「くすり屋は……おかし屋のようには売れないけれど，買いにこないほうが病気の人がいないわけだから，ほんとうはいいわけだ。」と本作文にあるように，病気に罹る人（病人）が増加すると，医薬品が沢山売れて薬屋が儲かるにもかかわらず，こうした現象は，社会の幸福度が減少するという矛盾を招くことにつながる。したがって，生徒は，資本主義の需要－供給の法則にしたがって，医薬品が沢山売れればそれで良いというわけではないことに気づいたのだ。だからこそ，生徒は「くすり屋はふつうのみせより頭がいると思った。」のである。このように，矛盾に満ちた複雑な思考ができるようになったのは，マーケット教室実践，特に薬屋を営んだことの学習成果なのである（恐らく，薬屋以外の店屋をしていれば，そのことには気づかなかったであろう）。

三つ目は，「お金もないのに着物を作ったりたべものを買いすぎたりしては，おみせがつぶれてしまうこともわかった。」というように，生徒は薬屋を営みながら，他の店屋でさまざまなモノを購入するとともに，その時々の出費を貯金帳・買物帳に記帳した。また，店の売上帳にも，出入金の状況を記帳した。総じて，生徒は記帳した，貯金帳・買物帳・売上帳を通してお金の出入りを可視化しながら，生計を立てることの大変さを学習したのである。

いま挙げた三つの学習効果の中でとりわけ注目すべきなのは，一つ目，すなわち生徒の，「薬屋」についての捉え方の変化である。というのも，それは，それ以外の店屋をした生徒にも共通する変化だと考えられるからである。

池田は，生徒の，「薬屋」についての捉え方の変化を，記号論の立場から「記号表現（意味するもの）と記号内容（意味されるもの）」によって分析する。つまり，「薬屋」という言葉の形式（音・文字）が，記号表現であるのに対して，生徒が知り得た「薬屋」についての意味内容は，記号内容に対応する。

そして，これまで，薬屋が「医薬品だけを売る店屋」だと捉えていた，「薬屋＝記号表現」－「記号内容１」［＝「コード１」］が，経験学習によって薬屋が「医薬品以外のものも売る店屋」だと捉える，「薬屋＝記号表現」－「記号内容２」［＝「コード２」］へと生徒の中で変化した。池田は，「記号の表現と内容とを対応させる規則をコードと呼ぶ。コードは，記号機能を生成させる規則である。」［池田久美子，1981：24］と定義している。この定義にしたがえば，同一の記号表現（「薬屋」）に対応する「記号内容」が「記号内容１」から「記号内容２」へと豊かになり，「記号表現」－「記号内容」の対応規則としての「コード」が「コード１」から「コード２」へと変化したことになる。こうした「コード」そのものの変化のことを池田は，「コード増殖」［池田久美子，1981：25］と呼ぶ。そうした意味で，経験「学習」は，「コード増殖」をもたらすのである。

さらに，「記号内容１」が「記号内容２」へと豊かになるのにともない，「コード１」から「コード２」へと変化した生徒は，この「コード２」を既有のコードとする。そして，その生徒が，その後，別の機会に想定外の商品を置いている薬屋を知るならば，その生徒は「記号表現」－「記号内容３」によって既有のコード（「コード２」）を新たなコード（「コード３」）へと更新せざるを得ない。したがって，「学習とは，コード増殖である」ことに加えて，「新たなコードを作り出す創造的な営みである。」［池田久美子，1981：25］原理的には，こうした知識の成長過程は，「コード１」から「コードｎ」へと連続的かつ際限のないものとなろう。これは，個々の生徒特有のコード増殖であり，自らの内部の知識がアブダクションの論理によって連続的に成長するのである。

以上のように，経験学習としてのマーケット教室実践は，実践の前－後で生徒の内部の知識がアブダクション（「アブダクション１」）によってコード増殖が起こることが明らかになった。繰り返し強調すると，「アブダクション１」による生徒のコード増殖は，生徒の作文と実践の結果からわかる学習効果である。

ところで，「アブダクション」（実質的には「アブダクション１」）は，記号学者，U.エーコがC.S.パースの記号論を継承しながら，捉え直した「余剰コード化（extracoding）」［Eco，1976=1980：220］という概念に置き換えることができる（池田論文でも，その点について言及されている）。予め述べると，アブダクション（「アブダクション１」）を「余剰コード化」へ置き換えるのは，それを用いることで論の展開がわかりやすくかつ円滑になるからだ。

エーコによれば，私たちは「コード化されていない状況と複雑なコンテクストに直面」すると，「メッセージが従来のコードに依存するのではないこと」［Eco，1976=1980：208］を知り，それを解釈（＝推論）することができる新たなコード，すなわち「一般的な規則を発明，ないしは想定」［Eco，1976=1980：212］する必要に迫られる。つまり，私たちが，既有のコードでは解釈することのできない未知の状況に直面したときに，不可避的に行わざるを得ない自己のコードの再編成または組み替えを，「余剰コード化」と呼ぶのである。

しかも，その際の新たなコードの想定の仕方には次の二種類がある。

ひとつは，「過剰コード化（overcoding）」［Eco，1976=1980：214］である。それは「既有の規則に従って新しい規則が提出され，従来の規則のもっと稀な場合への適用を支配する」［Eco，1976=1980：215］場合であり，既有のコードにもっと細かい規則を加えて分節化することを意味する。

もうひとつは，「過小コード化（undercoding）」［Eco, 1976=1980：218］である。それは「信頼しうる既有の規則が存在しない」未知の状況に直面して新しいコードを「暫定的に想定する」［Eco, 1976=1980：219］場合であり，大まかなコードを暫定的に想定することを意味する。

このように，「過剰コード化」は，既有のコードをさらに細分化（緻密化）する方向での，自己のコードの組み替えであり，「過小コード化」は，既有のコードの無力化から，新たなコード形成の方向での，自己のコードの創出である，ということができる。

ところで，「アブダクション1」は，実質的には「余剰コード化」のうち，「過剰コード化」に相当する。本事例における学習効果を，エーコの「過剰コード化」に沿って述べると，それは，既有の規則，すなわち「薬屋」＝「医薬品だけを売る店屋」に，新しい規則，すなわち「薬屋」＝「医薬品だけでなく，消毒薬などの予防薬，はえ取り紙，DDT などを置いている店屋」が対置され，従来の規則のもっと稀な場合への適用を支配する，つまるところ，既有のコードをさらに細分化（緻密化）する方向での自己のコードの組み替え，となる。エーコの過剰コード化の場合，記号内容の変化にともなう記号表現の変化に加えて，こうした記号機能の変化が自己のコードの組み替えまでを射程に入れているということで，「アブダクション1」を進展させた論理となり得ている。

筆者からすると，マーケット教室実践における学習効果は，生徒の内部の知識の，「アブダクション＝過剰コード化」による記号機能の変化および自己のコードの組み替えにあると結論づけることができる。

ここで，経験学習におけるコード増殖について付け加えておきたいことがある。それは，ものをつくる授業とごっこ遊びを取り入れたマーケット授業との相違点である。

Ⅳ章では，経験学習としてのものをつくる授業（米つくりの授業）の学習効果を，藤岡信勝の「コード増殖としての学習」という観点から論述した。その際，筆者が再三，注意を促したように，藤岡のいうコード，具体的には，米つくり体験によって増殖したコードとは，言語論・記号論的な意味でのそれではなく，自己（生徒）の中の非言語記号と，言葉・概念としての言語記号との対応規則のことであった。簡潔には，それは，非言語記号（経験）と言語記号（言葉）との対応規則なのだ。生徒からすると，〈だっこく〉という，自らのからだを使った農作業（＝自己の中の非言語記号）が，自己にとって本当に意味あるものとなるのは，教科書の「だっこく」という，言葉・概念（言語記号）と結びついた瞬間である。裏を返せば，「だっこく」という言葉（言語記号）を生徒が理解できたというのは，〈だっこく〉という自らの非言語記号（経験）と，「だっこく」という言語記号（言葉・概念）との対応規則（コード）を獲得したときなのだ。

以上のことから，筆者は，経験と言葉との対応規則（コード）が増殖し得るのは，ものをつくる授業に特有の現象であると考えている。恐らく，藤岡はものをつくる授業という経験学習に沿って自らのコード増殖論を構築したのではないか。ものをつくる授業は，有力な経験学習の一つであることに相違ないが，ここで取り上げた，マーケット教室実践では，コード増殖は，非言語記号と言語記号との対応規則としてのコード増殖ではなく，言語記号と言語記号との対応規則としてのコード増殖である。「コード増殖」という言葉こそ同じであるが，ものをつくる授業とマーケット教室実践（ごっこ遊びを活かした学習）では，理論的枠組みおよびその捉え方がまったく異なることに注意すべきである。

(2) アブダクション1とアブダクション2の分水嶺

予め，「アブダクション1」と「アブダクション2」の根本的な差異を明確化する上で役立つ，パースの「天蓋」と「総督」の事例（以下，「天蓋の事例」と略記）を取り上げることにする。

実は，この事例についての捉え方の違いにこそ，「アブダクション1」と「アブダクション2」の分水嶺がある。池田論文では，自らの「アブダクション2」を正当化するために，（筆者からみて）「アブダクション1」支持派のエーコの捉え方を批判している箇所がみられる。その箇所を解明の糸口にしたい。

「トルコの総督の場合は，パースは既成の慣習体系に基づいて仮説的推論（アブダクション）の操作を行っていた。つまり，誰かの頭の上にある天蓋が《名誉》を意味しているという事実は，すでに獲得された慣習の問題であって，記号機能がすでに存在していたわけである。パースは，状況に関する選択を加えることによって，コードを複雑にした。」［Eco，1976=1980：214 ／池田久美子，1981：26］

ところが，池田論文では，「このエーコの説明は，このままでは不充分である。」［池田久美子，1981：26］と一蹴した上で，独自の解釈を披瀝する。次に，パースがアブダクションの論理の事例としては有名な，「天蓋」の事例を取り上げ，何が妥当な捉え方なのかを見極めていきたい（［中井，2021］での論述をベースにする）。これから取り上げる「天蓋」の事例は，筆者がパースおよび米沢裕二［米沢裕二，1981 ／ 2007］のアブダクション論に基づきながら，四つに分類したうちの，一つ目の「直接観察可能な事実の発見に関する仮説」に相当する。

ある人物が天蓋のある乗り物に乗っているのを発見する。ところが，この地方の総督は天蓋のある乗り物に乗る。そこでもし，天蓋のある乗り物に乗っているこの人物がこの地方の総督であるとすれば，これは驚くにあたらない。ゆえに，この人物は総督であると考えるに足る理由がある。

そのことをアブダクションの論理によって示すと，次のようになる。

事例：天蓋のある乗り物に乗っている人物がいる
　　（驚くべき事実Cが観察される）　　C

規則：天蓋のある乗り物に乗っているのは，総督である
　　（しかしもしHが真であれば，Cは当然の事柄であろう）　　H⊃C

結論：ゆえに，天蓋のある乗り物に乗っている人物は，総督である（ゆえに，Hが真であると考えるべき理由がある）　　∴H

結論から述べると，筆者は，エーコの解釈，ひいては余剰コード化の論理が正しい，そしてアブダクションの論理は余剰コード化へと置き換えることができると考えている。というのも，天蓋とは元々，貴人の頭上を守る傘の謂いで，天蓋のある乗り物に乗ることができるのは，高貴な人物に限定されている。そのことは地元の人間にとって既有のコードもしくは慣習コードになっていた（と考えられる）からだ。そして，こうした乗り物に乗ることができる高貴な人物といえば，この地方の総督ではないかということになる，と。

この地元の人間であれば，天蓋のある乗り物－そこに乗っている人物－地元

の総督という具合に，エーコよろしく，既有のコードに基づきながらも，その乗り物に乗っているのは，地元の高貴な人物，そのような人物は総督だということで，その既有のコードをさらに細分化（緻密化）する方向で自己のコードの組み替えていったわけである。これで十分ではなかろうか。

アブダクションという論理形式は，後件から前件へと推論を行うという意味において「後件肯定の誤謬」を侵している。つまり，アブダクションは，「Hは真である」という論理的必然性を断定することのできない弱い論証の仕方であり，それはせいぜい，「Hが真であるとみなすだけの理由」があるにとどまる。それにもかかわらず，この類いの推論が重要な意味を持つ理由は，私たちが直接，観察することが不可能な仮説的存在を仮定せざるを得ない場合があるからだ。「総督」の例でいえば，パースは，観察可能なものを手がかりにして確認することのできる実在について推論している。そして，万一，仮説Hに十分な説明力・説得力を見出せないならば，さらに，H'，H"……というように，仮説を次々と改良し，洗練していくことを通して事物の本道へと接近していくことが可能である。

その点についてパースは，次のように述べている。

「私たちの精神はある有限回の推測でもってそれらの事実に関する唯一の真なる説明を考え当てることができるだろうし，そういう期待から励みを得て，私たちは仮説の構成に進むべきである。」［Peirce，1983：219］，と。

こうして，推論形式の一つであるアブダクションは，驚くべき（意外な）事実や現象を，後件から前件への推論を通して蓋然的な形で仮説を提示するのであり，それは仮説を有限回の推測でもって漸次，改良・洗練していくことを可能にする。

では，池田はエーコに抗して本事例をどのように捉えているのか，次に述べたい。

(3) アブダクション２の論理――記号機能の周縁部分でのコードの増殖・力

池田論文では，前述したエーコのアブダクション解釈に対して，次のように，異議を唱えている。

「パースが当初知っていたのは，『天蓋』が『名誉』を意味するということだけではない。『総督』が『名誉』を意味するということも知っていたのである。しかし，『天蓋』と『総督』との間にはまだ対応関係がなかった。パースはアブダクションにおいて，この両者を結びつけて新しい対応関係を作った。この新しい関係は，『天蓋－名誉』と『総督－名誉』との二つの対応関係における共通の項である『名誉』を軸にして作られたものなのである。」[池田久美子，1981：26]，と。

さらに，池田論文では，アブダクションについて独自の論理が提示されている。

「アブダクションとは，『諸性質からの帰納』である」とし，「『天蓋』がもつ『名誉』という性質に着目し，これと同じ性質をもつ『総督』に至る解釈の道筋を発見した……。アブダクションは，共通の性質を軸とする転換である。」，と。

ここで提示した池田のアブダクションの論理とは，予め知っていた，「天蓋」－「名誉」，「総督」－「名誉」という二つの対応関係に基づきながら，「天蓋」が有する「名誉」という性質と，「総督」が有する「名誉」という性質，すなわち複数の諸性質から帰納的に導き出し，これまで対応関係のなかった「天蓋」

－「総督」のあいだに対応関係を見出すというものである。

一般に，言語は，「記号表現（音声）／記号内容（イメージ)」から成る。例でいえば，「天蓋」という「記号表現」は，「おおうもの」という記号内容と対応する。これは辞書に掲載されている，明示的，一義的な意味であり，「外示的意味（デノテーション)」に相当する。これに対して，「天蓋」という「記号表現／記号内容」は，それを一つの「記号表現」としながら作られる「記号内容」がある。それは「共示的意味（コノテーション)」である。具体的には，「名誉」となる。つまり，この場合，「名誉」は単なる事物ではなく，シンボル（象徴）を意味する。R.バルトは，二次的に生成される「記号表現／記号内容」のことを「神話作用」と名づけるが［Barthes, 1957=1967]，一般的には，「共示的意味（コノテーション）のことである。

池田のアブダクションの論理は，こうした「共示的意味（コノテーション)」と符合する。ただ，その論理が言語学の共示的意味と異なるのは，「天蓋」という言語（記号表現)，「総督」という言語（記号表現）が，木の枝のように，慣習的な意味（記号内容）を中心部分としながらも，その周縁部分が枝分かれすることで，記号機能自体が複合的なものへと成長するということである。

「アブダクションにおいて軸となりやすいのは，枝分かれ図の中心部分よりもむしろ周縁に位置する項である。……つまり，意味の流動的な周縁部分において，次々と新たな意味が付与され，さまざまな状況の解釈のしかたが指定されるようになるのである」[池田久美子，1981：27]，と。この論理にしたがうと，思いも寄らない，創造的な発想は，「意味の流動的な周縁部分」，すなわち「豊かな細部（details)」[池田久美子，1981：24］で起こることになる。枝分かれ図でいうと，慣習的意味を中心部分としながらも，その周縁部分が次から次へと分岐していき，新たな意味を生み出すとともに，記号機能を高度なものにしていくことになる（周知のように,「アブダクション２」の論理は，明らかに言語学の「外示的意味／共示的意味」を超えている［逸脱している］)。

以上述べてきたように，アブダクション（「アブダクション２」）の論理の独自性とは，例で挙げた,「天蓋－総督」の対応関係を,「天蓋」が有する「名誉」という性質を手がかりに，それと同じ性質を有する「総督」の解釈によって発見したことと，アブダクションによってコード増殖が起こりやすいのが，枝分かれ図の中心部分よりも周縁部分（details）であることを見出したこと，にある。

「アブダクション２」を説明するために，長きにわたる迂回をしてきたが，次に，池田論文において，本作文には書かれていないことに基づいて分析・考察した箇所とそれと，前述してきたアブダクションの論理（「アブダクション２」）を関連づけていくことにする。

まず，本作文には書かれていないことに基づいて分析・考察した箇所を挙げたい。

すでに述べたように，生徒の作文では，鈴木と山田が薬屋開業の準備のために，薬屋にヒアリングしに行ったという記述がある。そのことに関連する生徒の作文（の箇所）は，次の通りである。

「ぼくは山田君とくすり屋へ，くすりはなにからつくるか，どれくらいのねだんのものか，おしえてもらいにいった。」，と。

生徒が作文の中で薬屋でのヒアリングについて記述したことは，たったこれだけである。ただ，前述したように，マーケット教室実践で彼らが実践したことから推測し得る知識については，街の薬屋から教えてもらったことであり，データとして何ら問題はない。

ところで，池田は，「子どもはこのとき，ただ薬の値段と原料とを学んできただけなのか。」と自問した上で，「そうでない。これらを含めやさまざまなことを学んできたはずである。例えば，薬品の陳列のしかた，はってある広告，薬剤師の様子などを併行して見てきたはずである。これらをあえて言葉でいい表わそうとすれば，殆ど無限に言葉を並べることになる。しかし，それは言い尽くしえない。子どもがそこで見たのは，いわば薬屋というものの全体なのである。」［池田久美子，1981：24］（下線は筆者による）と推測・想像しながら，雄弁に語っている。下線のように，肝心な箇所を「はず」という憶測を表す言葉で表現しつつも，最後には，「子どもがそこで見たのは，いわば薬屋というものの全体なのである。」と断定するに到っている。百歩譲って，こうした憶測を述べるだけであれば，特に問題はない。

ところが，こうした推測・想像（筆者からすれば，憶測），もっといえば，データの改竄は，池田が展開するアブダクションの論理を正当化することに加担している。その証左は，次の実践後の学習効果を要約した箇所にある（内容を明確にするために，一部，筆者が補正した）。

「薬屋」という表現に対応する「……この内容は豊富である。『薬屋』というひとつの表現の項から，何系列もの枝が分岐している。例えば，『薬の販売』という項からは，『病人の救済』や『利潤』などが分岐する。また，商品である『薬品』の項からは，さらに，個々の名称，原料，効能などの系列へと分岐する。こうした枝は際限なく広がっていく。」［池田久美子，1981：28］

「第二に，それらの枝は互いに複数に絡み合う。バラバラに孤立しているのではない。例えば，『病人の救済』の項は，その具体的な方法を示すものとし

ての『薬品』の名称－原料－効能の系列と結合する。……」［池田久美子，1981：28］

「第三に，それは表現可能な分節的で不連続な内容に尽きるのではない。表現し分節し尽くすことのできない，濃密な連続的な内容をも含む。例えば，『薬剤師』の項は，いずれ，実際に薬局に行って出会った薬剤師の知覚内容で，分節しえない部分に至る。枝は，ここでさらに分岐する可能性をはらんだまま開かれた状態にとどまる。……。」［池田久美子，1981：28-29］

かくして，池田が展開するアブダクションの論理（「アブダクション２」）によって，薬屋は次のように捉えられる。

「『薬屋』は複雑に絡み合った豊かな分肢構造を内容としてもつ。このような記号は，表現と内容とが一対一の対応関係としかもたない単一の記号とは異なる。これは，複合的な記号機能をもつものである。つまり，これは濃密なテクストなのである。……『薬屋』は濃密なテクストであるがゆえに，多様な系列での解釈が可能である。」［池田久美子，1981：29］，と。

ここで展開されているのは，「アブダクション２」の論理そのものである。

ここに記述されていることを整理すると，次のようになる。

「薬屋」という「記号表現」から数多の系列の枝が分岐する。

「薬の販売」の項からは，「病人の救済」・「利潤」などの系列へと分岐する。

「薬品」の項からは，「個々の名称」・「原料」・「効能」等々の系列へと分岐する。

「薬剤師」の項からは，薬局に行って出会った薬剤師の「知覚内容」として「分岐する可能性をはらんだまま開かれた状態にとどまる。」

つまり，「薬屋」からは，①「薬の販売」－「病人の救済」－「利潤」－…

…，②「薬品」－「個々の名称」・「原料」・「効能」－……，③「薬剤師」－「知覚内容」－……，さらに，④「（　　）」－……，というように，その周縁部分（details）がさまざまな系列へと枝分かれをしていき，「薬屋」が単一の記号から複合的な記号機能を有するものへと連続的に進展するわけである。池田は，そうした記号機能を持つ記号表現を「濃密なテクスト」［池田久美子，1981：31］と呼んでいる。記号は，濃密なテクストへと変容し得るのだ。

このように，池田が唱える「アブダクション2」の論理は，「記号の周縁部分分岐論」とでも名づけることができる。ただ，再三，述べるように，この理論は，本事例と生徒の作文，すなわち一次資料を拡大解釈した場合にのみ成り立つ。

しかしながら，そもそも，データを逸脱したアブダクションの論理の展開は，経験学習の意義を適正に論証することになり得ないのではないか。筆者としては，「アブダクション2」は，高次のコード増殖を起こす探求方法となり得ても，それが，生徒における経験学習の意義を論証するものとはなり得ないと考えている。

以上のことから，マーケット教室実践という経験学習の意義は，エーコのいう「過剰コード化＝アブダクション1」の論理およびそれに基づく，生徒の内部の知識の成長，ひいてはコードの増殖と自己のコードの変換にこそあると考えるのが妥当である。

Ⅵ. ノンモダニズム知識論に基づく経験学習の評価

1．ものをつくる授業の評価

本章では，Ⅰ章で述べたＡＮＴに基づくノンモダニズム知識論に基づきながら，経験学習の意義についてあらためて考えていくことにしたい。

ノンモダニズム知識論の立場から述べると，米つくりの授業の意義は，これまでの学校知が採ってきた「対応説」，すなわちⅠ章で述べた，「世界」と「言語」の断絶と，「言語」による「世界」への指示および架橋，具体的には学校の言語主義教育を結果的に拒否していることにある。つまり，経験学習としての本授業においては，「米つくり」という「対象」と「言葉」が安直かつ短絡的に対応していない。というのも，「米つくり」という生産活動の総体（=「対象」）は，「米つくり」という「言葉」へとコンパクトに詰め込むことができるような代物ではないからだ。つまり，「米つくり」という「言葉」は，〈米つくり〉という「対象」を容易に指示することはできないのである。

前述したように，「米つくり」は，①校庭（裏庭）の開墾に始まり，②しろかき，③苗代作り，④田植え，⑤施肥，除草・駆虫，⑥脱穀，⑦精米，⑧炊飯，および各々の段階における数多の，細かな作業を含む，生産活動の総体である。

米つくりは，ものをつくる授業として計画化された生徒の学習であることから，植物学者や土壌学者が行った，森林・サヴァンナ土壌の調査研究とはレベルを異にするが，それでも，米つくりは生徒にとって，稲（米）というアクターを中心に，①〜⑧にみられるように，他の数多のアクターたちとハイブリッドの混合物およびアクターネットワークを形成している。つまり，「米つくり」という「対象」と「言葉（穀物栽培という概念）」のあいだには，本来，数多の媒介項もしくはそれに匹敵する項が多数，存在しているのである。

こうして，久津見の米つくりに典型的であるように，経験学習は，教育の合理化と効率化のために採られてきた，学校知の対応説（モダニズム知識論の極致）を超えて，ノンモダニズム知識論に接近している。繰り返し強調するように，米つくりは，生徒が学ぶべき教科内容として企図されたわけであるが，授業後の，生徒の感想文から読み取れるように，彼らは彼らなりに――たとえば，人文地理学の法則を発見した生徒のように――，米つくりの研究者としての第一歩を踏み出しているようにみえる。そのことが可能なのは，生徒が教科書の記述を通して「対象」を「言語」によって安直な形で指示することなく，①開墾から，⑤施肥，除草・駆虫へ到るまで，自然（水田）と身体でかかわり，水田を幾度も道具によって分節化していったからである。それは，「言葉」が「対象」を指示する言語的分節化とは対照的な，非言語的分節化と呼ぶに値する。裏を返せば，ものをつくる授業としての経験学習は，主体が「対象」を次々と非言語的分節化する学習法なのである。そのとき同時に，主体は自分自身の身体をも非言語的に分節化する。いわゆる，「身分け」である。

そうした非言語的分節化は，最終的に「米つくり」という「言葉」もしくは「穀物栽培」という「概念」によって指示されるものとなる。ただ，それが「言語的分節化＝指示」されるのは，「対象」が十全に非言語的分節化されたことの結果として，である。その意味からすると，経験学習は，「対象」の非言語的分節化およびその非言語的分節化された「対象」の，「言語」による言語的分節化の総体だということになる。そのことは，藤岡が述べた，非言語記号と言語記号との新しい対応規則（＝コード）の増殖を意味する。つまり，「身分け」と「言分け」は，生徒の中で統合されるのだ。

筆者からみると，構造的な歴史教育カリキュラムに組み込まれる以前に，久津見が初期にチャレンジしたものをつくる授業，特にこれまで取り上げてきた米つくりの授業は，あまりにも過小評価されてきたと思われる。確かに，前述したように，教育学の立場からすると，本授業は教師が意図した予定情報を超えて，個々の生徒が自ずと学び取ってしまった過剰情報が多々含まれているという捉え方自体，間違ってはいない。ところが，そうした捉え方そのものが，本授業の意義およびそのことを踏まえた上での理論化を捉え損ねてきた元凶ではなかろうか。むしろ，経験学習は，ノンモダニズム知識論とのかかわりで評価された上で，その理論化を押し進めるべきでないかと考えられる。

再度，強調すると，経験学習としてのものをつくる授業は，モダニズム知識論の極致である学校知もしくは言語（表象）主義教育を超えて，ノンモダニズム知識論に接近しているのである。

2．マーケット教室実践の評価

ところで，同じ経験学習であっても，ものをつくる授業とマーケット教室実践では，経験学習による学習効果は根本的に異なる。ものをつくる授業では，長期間にわたる生産活動を通して生徒の中で非言語記号と言語記号が，新しい対応規則（＝コード）を次から次へと生み出していったが，それと比べて，マーケット教室実践では，実質，三日間という短期間での限られた活動であることから，本実践の学習効果は明確であるとはいえない（それ以前に，データそのものが過少である）。

ただそれでも，生徒の作文および本実践（街の薬屋でのヒアリングを含めて）の学習効果としては，アブダクションの論理もしくは余剰コード化によって，「薬屋」という記号表現（言語記号）が，「医薬品だけを売る店屋」という記号内容（言語記号）との，狭く限定された対応規則（＝コード）から，「医薬品以外の商品も売る店屋」という記号内容（言語記号）との，新たな対応規則（＝コード）へと更新されることによって自己のコードの組み替えがなされた。マーケット教室実践は，生徒の内部の知識が専ら，アブダクションの論理によって更新され，コードの増殖および自己のコードの組み替えがなされるわけだが，その理由は，ものをつくる授業とは対照的に，生徒が「対象」に働きかける経験があまりにも少ないからでである。本実践からわかるように，生徒自らが行ったのは，生徒の作文にあるように，せいぜい，ぬかでズルチンやサッカリンをつくったこと，チョークやえのぐで色のついた水をつくったこと，かいちゅうのたまごを表にしたこと，ねずみとり，しょうどくやく，はえとり紙，DDTをしいれた(つくった？)ことくらいである。しかも，これらはすべて，偽物である。

つまり，マーケット教室実践において流通しているのは，本物のお金の代用品（偽の人工物）である（商品も偽物である）。それは，応用行動分析で用いる「トークンエコノミー法」の「トークン」に類似しているといえる。この場合の「トークン」とは，エージェントにとって価値のある強化子と交換できる代理物というほどの意味である。実際，本実践では，生徒は，偽物のお金を使ってモノを購入（＝交換）することができた。つまり，偽物のお金は，価値ある強化子となったという意味で，トークンとなり得たのである。

このように，マーケット教室実践は，生徒が直接経験によって「対象（もの）」とかかわると同時に，「対象」から影響を与えられることがほとんどないため――「対象」を非言語的分節化する機会が過少であるため――，専ら，概念形成（言語記号同士の対応規則としてのコードの増殖）が学習内容とならざるを得なかった。とはいえ，そうした学習が，生徒にとって内部の知識を育む重要な契機となり得たことは確かである。

アクターネットワーク理論から捉えると，本実践の意義は，生徒が薬屋を営む過程でアブダクションの論理によって，〈薬屋〉という「対象」を指示する，「薬屋」という「言葉」の記号内容を細分化・豊饒化したことにある。つまり，単一の記号は，アブダクションの論理によって共示的意味（コノテーション）を含む，複合的な記号へと変化・更新されたのだ。生徒は自らの作文で「薬屋」を「実演」することによって，「薬屋」が医薬品だけでなく，それ以外の商品を売る店屋であることを発見するが，そのことは，経験学習の意義を論証するものである。複合化した「記号内容」（＝「対象」）を「記号表現」が指示することは，ノンモダニズム知識論が否定する，対応説を超えるものであると考えられる。むしろ，ノンモダニズム知識論が否定の対象とする，モダニズム知識論は，「対象」と「言語」との，一対一対応（＝厳密な対応）もしくは「言語」による「対象」の指示を前提としている。「対象」を指示する「言語」がアブダクションの論理によって複合的な記号機能を果たすべく，記号内容を細分化・豊饒化するとすれば，両者の関係は，すでに対応説を超えていると考えられる。

このように，アクターネットワーク理論の立場からすると，同じ経験学習であっても，店屋ごっこを中心とするマーケット教室実践よりも，米つくりなど，ものをつくる授業の方が，「対象」と「言語」のあいだに，人間（生徒），数多のモノ（＝アクター）たち同士の連結から成るハイブリッドの混合物およびアクターネットワークを生み出すという点で，ノンモダニズム知識論に近似していると考えられる。ただそれでも，マーケット教室実践は，生徒が実際に薬屋を実演してみる中で，その店屋の実態を内側から経験的に知り，自らの内部の知識（コード）を成長させることができるのだ。

３．経験学習とノンモダニズム知識論

以上，戦後の経験学習を代表する二つの実践として，ものをつくる授業とマーケット教室実践を取り上げ，分析・考察してきたが，次に，Ｉ章で述べた学校知の問題に立ち帰ることで，あらためてＡＮＴに基づくノンモダニズム知識論から経験学習の意義についてまとめることにしたい。

筆者は，今日では，フェイドアウトしてしまった経験学習が，学校知の次元では捉えることも，評価することもできないと考えていた。経験学習は，字義通り，学校における従来の言語主義教育を超える，あるいはハミ出した学習方式（モード）なのである。そこで筆者は，経験学習の意義を十全に評価（再評価）するために，それ相応の理論がないものかを模索していた。その候補の一つとして見出したのが，ＡＮＴであった。正確には，有力な手がかりとなり得たのは，Ｉ章でも述べたように，久保明教がラトゥールの入門書を通して構築した，ＡＮＴに基づくノンモダニズム知識論である。

ノンモダニズム知識論は，「世界（対象）」と「言語（表象）」，もっといえば，カントに代表される近代認識論，すなわち「主体」と「客体」という二分法的

な認識論的枠組み（新実在論からいうと，「相関主義」）を否定する。この場合，学校知とは直接，関係のない，ポストモダニズム知識論（その代表は構築主義）もモダニズム知識論の変種としてそれに含めることにした。

ノンモダニズム知識論からすると，モダニズム知識論（ポストモダニズム知識論を含む）は，「言語」と「世界」との厳密な対応を前提に，「言語」が「世界」を指示する，いわゆる言語主義（表象主義）に陥っているのである。ノンモダニズム知識論においては，特定のモノ（アクター）を中心に，モノ（アクター）たち同士の相互的関係性（アクターネットワーク）から成り立っていて，人間はそうしたアクターネットワークの一員（人とモノは同一のアクター［アクタン］）であることになる。こうしたアクターネットワークは，アクターとしてのモノたちが相互的に織り成す複雑な関係世界なのだ。

こうした知識論からすると，学校知は，教科書の記述とそれを説明する教師の言葉に典型的であるように，「対象」と「言語」が厳密に対応している。学校知は，モダニズム知識論を前提としているのだ。したがって，学校知を改善するためには，それが依拠する知識観（知識論）を見直さなければならない。その意味で，学校知改善に向けてうってつけの知識論は，ノンモダニズム知識論なのである。

交通問題を検討したⅡ章で述べたように，モダニズム知識論，すなわち外側から知る立場は，固定的な知識観のもと，アクターとしてのモノたち（たとえば，信号機，自動車等々）をことごとく無視しつつ，世界を単純に捉えてしまう。つまり，法的コードにしたがって，「赤信号というシグナル＝横断歩道を渡ってはならない」という固定化によって，信号機というアクターおよびそれ以外のさまざまなアクターたち，そして歩行者等々との相互的関係性を無視してしまうのだ。しかも，実践コードよりも法的コードの方が正しいのだ（選択は一択である），と。こうした法的コードに匹敵するのが，学校知なのである。

ＡＮＴに基づくノンモダニズム知識論は，「言語」が「対象」を指示することに慎重である。「言語」による「対象」の指示が可能なのは，すなわち内側から知ることから外側から知ることが派生し得るのは，「対象」と「言語」のあいだに横たわっている，数多の媒介が少数の仲介へと縮減・消去できる場合に限られている。こうした場合に限り，相互的関係の内側から派生した外側から知ること，すなわち「対象」と「言語」との対応が一時的に産出し得ることになる。

ところが，こうした一時的な所産は，モダニズムの対応説と形式上，同じであることから，誤解されてしまいがちである。裏を返せば，近代認識論は，結果と過程を取り違えてしまうのだ。ノンモダニズム知識論は，認識の初発から「主体＝言語」と「客体＝対象」の対立を前提としている。ノンモダニズム知識論は，そうした二分法的な認識論的枠組みこそ，幻想であり，そもそもあり得ないことなのである。

かくして，最終的には，学校知と対応説のペアと，経験学習とノンモダニズム知識論のペアが対置されることになる。筆者としては，経験学習がすでにモダニズムの知識観を前提とする学校知を超えた教育方法（学習方法）であり，本来，それがノンモダニズム知識論という新しい枠組みによって再評価すべきものであると結論づけることにしたい。

補章　子どもにおける内部の知識の成長とアブダクションの論理

1．自成的学習とアブダクション

経験学習の意義を理論的立場から再評価する際，これまでの，固定した知識観・論に，生徒（子ども）の内部で育まれ，自生的に成長する知識を対置してきた。そうした知識が学校以前に・学校外で習得されるものであった。しかも，そうした知識がアブダクションによって成長し続けることについて，最新の知識論（ノンモダニズム知識論）を交えながら論述してきた。

ところで，早い時期から，子どもが学校以前に・学校外で自然に身につける知識に注目してきた民間教育運動として，極地方式がある。極地方式は，科学教育分野，特に理科教育の改革を推進してきた。極地方式の提唱者の一人である，細谷純は，極地方式独自の知識観とそれに基づく学習観について次のように述べている。

「子どもに限らずすべての人間は，特に学校で教えられなくとも，自分の身のまわりに対して，絶えず『科学』をつくりあげ，また，つくり変えている。これを『自成的学習』と呼ぶことにする。（それは）他の人間の意図的計画的援助なしになされる学習である。この自成的学習によって形成された科学を，『土着の知識－信念体系』と呼ぶことにする。」［細谷純，1987：164］，と。

敷衍すると，子どもを含め，私たちは個々の経験を単にバラバラの形で記憶にとどめるだけではなく，何らかの形で「一般化」を行いながら内化している。

そしてこの一般化可能性こそ，自然認識の発展をもたらす動因であると考えられる。平たくいうと，私たちは，絶えずその人（子）なりのルールを作り上げずにはおられない存在であり，またルールを孤立させてもいられない存在であって，必ず何らかのルールの体系（システム），すなわち「土着の知識－信念体系」を作り上げている。それは，現象・事象の一般化，経験則と合致する。

しかしながら，日常，私たちが何らかのルール・システムを作り上げる原因は，必ずしも心理的なメカニズムに基づくものではない。ルール・システムは，私たちが恣意的に生み出したものではないのだ。というのも，認識の対象となる「もの」や「こと」は，自然や社会の中で，孤立して個々バラバラに存在しているのではなくて，必ず他の特定の「もの」や「こと」と関連をもって存在しているからである。細谷は，私たちがルールを作りあげてしまうこの外因のことを「ものども，ことどもの相関連の原理」［細谷純，1983：367］と呼ぶ。生態系にみられる円環的な連鎖システムに直感されるように，この原理を内蔵する自然現象を認識する上で，ルール作りという観点は欠かせない。ここで，ルール作りという観点を意識的に取り入れて学ぶ方法は特に，「ルール学習」と名づけられる。

いま，なぜ，ルール学習を取り上げるのかというと，その理由は，従来，科学教育の領域を支配してきた学習方法に対する反省にある。ここで従来の学習方法というのは，自然現象についての，いわゆる“正しい”知識（概念）を，個別に切り離してその定義（科学的命題）を杓子定規に子どもに記憶させるというものであった。つまり，子どもは近代科学の初期に確立されたボイルの法則や万有引力の法則などを「頭の中に」機械的に記憶させられてきた。もっと初歩的には，「すべての動物はエサを食べる」という基本的な規則（ルール）を子どもは十分に学習せずに，「トラはエサを食べている」とか，「メダカはエサを食べる」という具合に，個別的な学習を行き当たりばったりにその都度，繰り返してきたにすぎなかったのである。

この程度のルールであればことさら，問題は起こらない。ところが，次に挙げる例，すなわち「石やガラスに弾性はあるか」と質問された場合，容易に答えられる子どもは恐らくそう多くないに違いない。この質問に正しく答えるためには，子どもは「すべての固体はバネ（＝弾性体）である」というルールを十分学習しておく必要がある。たとえば，崖崩れのとき，岩石が地面に沿って上から下へとごろごろ転がり落ちてくるというよりも，山肌にぶつかって大きく弾みながら落ちてくるというのは，石が弾性体であることの証左なのだ。子どもを含め，私たちが実際，落石の被害に遭遇したとき，石（岩）が弾性体であることを知っているか，知っていないかでは，石（岩）からの逃げ方（回避法）がまったく異なることになる。もしかすると，この知識の理解仕方次第で生死を分けるかもしれないのだ。

ルール学習の軽視こそ，わが国の科学教育の問題点であることについて伏見陽児らは，次のように述べている。

「学習対象がルール化を可能にする構造［「ものども，ことどもの相関連の原理」］を持っているにもかかわらず，子どもの方がそのルールを学習するという観点がないために，あるいは教師の方にそのルールを教えるという観点がないために，個別的な学習に留まっている」［伏見陽児・麻柄啓一，1993：21］，と。

さらに，ルール学習の重要な特徴として，未知の事柄に対する推論・予測活動が挙げられる。私たちはすべての事柄についてその真偽を確かめることができない。ときには，直接経験していない，もしくは直接経験することのできない未知の事柄に対しても，ある程度の蓋然性をもって推論したり予測したりすることが必要である。たとえば，タンポポの生息地のルールを習得しておきさえすれば，旧家の庭に咲くタンポポや東京ドームの近くに咲くタンポポがどのような種類のものか――日本タンポポか，それとも西洋タンポポか――は，ほぼ確実に推測することができるのである。つまり，ルール学習の最大の利点は，身につけたルールを用いて推測活動または予測活動を行うことができるということにある。

さらに，このルール学習は，「極地方式＝ル・レッグ方式」に基づくと［高橋金三郎・細谷純，1974 ／ Evans,et.al., 1962］，次のように明確に表現することができる。すなわち，ルール学習とは，私たちが自己の（過去の）経験を「エグ（eg）」――個々の「事例（exempli gratia：example）」――として，巧みに「ル（ru）」――「規則＝ルール（rule）」――を自成させつつ，その「ル」を利用して，推測活動を行うことである，と。

敷衍すると，私たちは，過去の数少ない経験を駆使しながら，それを素材にとりあえず大まかな経験則（ルール）を作り出す。この初発の過程は，「eg → ru」と表すことができる。ただここで，ルール作りは，数多くの「エグ」から導き出した方がより確実なものとなる。つまり，それは，「eg_1 → eg_2 →……→ eg_n → ru」と表されるのだ。この図式は，個々の事例から一般的な法則（ルール）を導き出すという帰納法を表している。ただそれは，学習（探求）のメカニズムを論理の観点から事後的に説明し，定式化したものにすぎない。したがってそれは，いま，まさに認識を形成しつつある子どもの学習過程，特にその心理プロセスを示したものではないのである。この図式では，子どもの心理プロセスがまったく無視されている。子どもの心理からみる限り，たとえ大まかでもいいからとりあえず，仮にルールを作り，その作り出したルールを少しでも早く使っていきたいというのが本心ではなかろうか。それが，子どもの心理プロセスに沿った学習方法（教育方法）なのである。

そして，「eg → ru」の結果，子どもの中に大まかな「ル」が作り出された後，彼らはその「ル」を使って「エグ」を推測したり予測したりする。この過程は，「ru → eg」と表すことができる。ただ，この場合でも，ひとつのルールから数多くの「エグ」が導き出されることになるがゆえに，「ru → eg_1 → eg_2 →……→ eg_n」と表すことができる。この図式は，一般的な原理から個々の事例を説明する演繹法を示している。ところが，それもまた，学習のメカニズムを事後的に説明・定式化したものにすぎない。ここでもまた，いま，まさに認識を形成しつつある子どもの学習過程（心理プロセス）は，まったく度外視されている。子どもの心理からみる限り，作り出したルールをとりあえず，一つの事例に使ってみることでそのルールの妥当性を確かめる，そしてこのプロセスを繰り返す，というのが自然の流れであると考えられる。

以上のことから，いま，認識を形成しつつある子どもの学習過程とは，「eg → ru」と「ru → eg」という二つの段階，すなわち「事例からルールへ」と「ルールから事例へ」という認識の往復運動――認識活動のツー・ウェイ――から成り立つ。しかも，このプロセスは一回限りで完結することなく，オープンエンドとなる。したがって，それは「eg → ru → eg → ru → eg → ru →……」と示すことができる。さらに，この図式に子どものルールへの確信の度合いを加味させると，それは「eg → ru → eg → ｒ ｕ → eg → ｒ ｕ」と表すことができる。この図式は，最初，子どもが少ない「エグ」から大まかな「ル」を作り出し，それを数多くの事例に使いこなすことによって次第に，ルールの正しさが実感できるようになるプロセスを誇張表現したものである（ruの拡大表現）。

ところで，ルール学習の第二段階にあたる「ルールから事例へ（ru → eg）」は，前述したパースのアブダクションに対応する。つまり，過去の数少ない経験に基づいて作り出した大まかなルール（経験則）に基づきながら，ある帰結（結果）を手がかりにして，それから導かれる予測的仮説，すなわち事例を導き出す営みは，アブダクションに相当する。

具体例でいうと，「動物はすべて，エサを食べ，食べたらウンチをするはず」という大まかなルールを持った幼児がいたとする。この幼児は，水槽で巻貝を飼っていたが，あるとき，水槽に一緒に入れてあった海藻が少し凹んでいることに気づいた後，「きっと貝が食べたんだ」と言った。数日後，幼児が水槽を観察していると，今度は水中に白い小さいぶつぶつのものがあることを発見し，「きっと貝のウンチだ」と言ったのである。

この事例をアブダクションで記述すると，次のようになる。

①驚くべき事実Cが発見される

：海藻の凹みと白い小さいぶつぶつのものといった二つの奇妙な現象が発見される

②しかしHならば，Cがあっても驚くにあたらない

：「(貝も含めて）動物はすべてエサを食べ，食べたらウンチをするはずである

③ゆえに，Hである

：「海藻の凹み」は「貝が海藻をエサとして食べたこと」を意味し，「白い小さいぶつぶつのもの」は「貝のウンチ」を意味する

この幼児は，彼なりのルールを使用して，それを巻貝のアブダクションに用

いたのである。その結果，幼児にこのルールへの確信の度合いが強まったのだ。そして恐らく，幼児はその後も引き続き，このルールをさまざまな事例を推論するコードとして使用するであろう。このように，ルール学習では，アブダクションが幾度も繰り返し行われることによって子どもの中でルールへの確信の度合いが強まり，最終的に安定した信念システムが形成されていくことになる。

ただ，ときには，子どもが作り出したルールが，例外(「例外的事例」[細谷純，1983：368]もしくは「例外例」[高橋金三郎・細谷純，1974：80／伏見陽児・麻柄啓一，1993：39])――「$\overline{\text{eg}}$」と示される――に直面することによってルールの変更を迫られることがある。この場合，子どもにとってアブダクションの繰り返しがルールへの確信の度合いを強めることになるどころか，そのルールを放棄することにもなりかねない（ただし，そのルールが，後述するような「誤ったルール」である場合は，何ら問題はない)。

ところが，見方を換えれば，例外を発見することができたのは，子どもがルールといったそれなりに一貫した視点から自然認識を行ってきたことの証左であると考えられる。万一，明確な視点を持たない個別的な学習を繰り返している限り，例外（例外例）が子どもが見つける可能性はないであろう。むしろ，子どもにとって例外例こそ，従来のルールを組み替え，新たなルールを形成していくための重要な契機なのである。そして，この例外例こそ，前述したエーコの「過剰コード化」に対応すると考えられる。というのも，例外例とは，子どもが自然現象を解読（解釈）する既有のコードにもっと細かい規則を加えて分節化することで，例外をも包摂し得る新たな解読コード――仮に「ru'」と表す――を作り出すきっかけとなるからである。それは，前述した，エーコの過剰コード化に相当する。この例外例を踏まえた学習（探求）のプロセスは，「eg

→ ru → eg → ru'→ eg」と表すことができる。

ところで，子どもが自成的学習によって形成した「土着の知識－信念体系」は，次のような性質をもっている。

すなわちそれは，「(1)誤った方向への一般化がなされている場合が多い。(2)経験した際に現象的に顕著だった性質や部分にとらわれていることが多い。必ずしも明確には言語化されず，多くの判断の際の根拠として用いられているにもかかわらず，それが，自成の際の経験の狭さや偏りを前提にしているという意識が不明瞭である。」[細谷純，1987：165] という性質である。

一般的に，子どもは，大まかなルール（ルール・システム），すなわち「土着の知識－信念体系」――一般化と経験則――を能動的に形成していく一方で，過去の少数で偏った――「その子なり」の――経験を精一杯，一般化してしまうために，往々にして「誤ったルール」を作り出してしまうことになる。しかも，単に作り出すだけでなくて，「誤ったルール」を，一定のあいだ――ときには，生涯にわたって――，保持し，使用する傾向をもつ。一般的には，「バイアス」と呼ばれる。バイアスには，「認知バイアス」や「確証バイアス」等々，多々ある。

このように，子どもは，絶えず過去の経験を一般化させてルール・システム（「土着の知識－信念体系」）を作り出し，それを保持し，使用する存在なのである。ただ，この場合，子どもは「その子なり」の一般化を行うため，誤ったルール――それは「ル・バー（$\overline{r}$）」[細谷純, 1970：232-233 ／ 1976：145 ／ 1983：367] と呼ばれる――を作り出すことがごく普通である。つまり，私たちは，自己の（過去の）経験を個々の「事例（eg)」として巧みに「ルール（ru)」を作り出すのと同時に――ほとんど不可避な形で――，自己の内部に「ル・バー（$\overline{r}$）」，すなわち「誤法則」または「誤ルール」を所有しているのである。

ただ，子どもからみて，こうしたル・バーを所有することは不可避の事柄であって，それ自体，致し方のないことである。むしろ問題であるのは，自己の内部にル・バーを作り出すときに前提とする経験の狭さや偏り（バイアス）に気づかないことである。自成的学習を想定する限り，たとえ幼児であっても，まったく何も知らない——まったく“白紙状態”の——人間は存在し得ない。存在し得るのは，自らが形成した「土着の知識－信念体系」そのものが経験の狭さや偏り（バイアス）を前提にしていることに気づかない，もしくはそのことを失念している人間だけである。

こうした点も含め，この「ル・バー」について，伏見陽児らは，次のように明確に規定している。

「過去の狭い，偏った範囲の経験の自成的一般化結果として作られ，ルール命題における前提項ないし帰結項の選び間違え，選び過ぎ，選び不足などや適用範囲の拡大過剰（誤れる一般化）や縮小過剰（誤れる特殊化）などの特徴を持つ。」［伏見陽児・麻柄啓一，1993：68］，と。

なお，ルー・バーについては，すでに［中井，2021a］で詳述したことから，ここではこれ以上言及しないものとする。ただ，「ルー・バー＝バイアス」であることは，きわめて重要な知見である（子どもをはじめ，私たち人間が必ず，何らかのバイアスを持つことの重要性については，次節で述べる）。

以上，子ども（幼児）が学校以前に・学校外で自然に身につける内部の知識，そうした知識を帰納的に一般化し，ルールとして対象理解に用いるルール学習について言及してきた。実は，こうした幼児における内部の知識がいつ頃，どのように構築されるのか，その起源については，最近，言語心理学・オノマトぺ研究者らによって解明されてきた。次に，子ども（幼児）の内部の知識が成長する起源をみていくことにする。その起源を知ることは，経験学習の正当性を論証することにつながると考えられる。

2，ブートストラッピング・サイクルとアブダクション推論

言語心理学を専門とする今井むつみと秋田喜美は，子どもが身近な言語から始まり，高次の言語能力をどのように身につけていくのか，その言語発達過程を説明するものとして，「ブートストラッピング・サイクル」［今井むつみ・秋田喜美，2023：193］という理論仮説を提示している。次に，彼らの共著からの引用を交えつつ，同理論の要点をまとめたい。

「人間の子どもには，ものすごい学習の力がある。知覚経験からの知識を創造し，作った知識を使ってさらに知識を急速に成長させていく学習力が人の子どもにはある。これを著者たちは，『ブートストラッピング・サイクル』と名づけた。そこからさらに，ブートストラッピング・サイクルを駆動するのはどういう推論の力なのかという問いも生まれた。

筆者たちは，論理を正しく推論する能力ではなく，知識を想像力によって拡張したり，ある現象から遡及して原因を考えたり，一番もっともらしい説明を与えようとする人間の思考スタイルこそが，その駆動力なのではないかと考えた。このような推論はみな，アブダクションという推論様式に含まれる。『アブダクション推論』がアナログの世界がデジタルの記号につなげ，記号のシステムを作り，それを成長させ，洗練させていくと筆者たちは考えるのである。」［今井むつみ・秋田喜美，2023：253］，と。

以上のことから，子ども（幼児）の知識が知覚経験からの知識に始まり，そうして身についた既存の知識が使用されることでその知識が更新され，連続的に成長していくのが，彼らが提唱する「ブートストラッピング・サイクル」モデルなのである。こうした学習のサイクルは，経験学習を通して述べてきた，子どもの内部の知識の自生的・連続的成長と符合している。正確には，「ブートストラッピング・サイクル」モデルは，経験学習のベースとなり得るものである。言い換えると，経験学習を通して身につく，子どもの内部の知識の成長は，ブートストラッピング・サイクルの延長線上にある。

この引用の中で特に注目すべきなのは，こうした知識（言語）習得・成長の以前に，幼児がアナログの世界からデジタルの記号へと言語進化し得る契機もしくは起源とは何かについての，今井・秋田の考え方である。彼らは，そうした契機（起源）を「記号接地問題」として捉えている。そして，この「記号接地問題」を最初に取り上げた S.ハルナッドの考えを参照しながら，「一部のことばには身体感覚と直接つながるアイコン性が宿り，ハルナッドの言うところの『記号接地をするための最初の一群のことば』となる」[今井むつみ・秋田喜美，2023 : 172-173]，と。

ここでいう「身体感覚と直接つながるアイコン性」としては，対象を視覚的に写し取る「絵文字」と，聴覚的に写し取る「オノマトペ」という二つの種類があるが，言語発達の飛躍的契機となり得るのは，オノマトペである。というのも，絵文字が全体を写し取るのに対して，オノマトペは部分を写し取るだけで，残部は連想によって補わなければならないからだ。

こうして，幼児は，オノマトペによってアナログの世界からデジタルの記号につなげるとともに，それをベースに言語（知識）を身につけることになる。

私たち人間にとって記号接地するための言葉は，オノマトペにある。

前述した，ブートストラッピング・サイクルが可能になるのも，こうした「最初の一群のことば」としてのオノマトペが幼児に記号接地しているからなのである。私たち人間は，AI，近年ではchatGPTのように，記号接地をしていないことで，「『記号から記号への漂流』を続けるメリーゴーランド」[今井むつみ・秋田喜美，2023：126] を回避するしかないのである。

こうして，幼児は，「最初の一群のことば（オノマトペ）」を身につけることで——身体経験への記号接地を通して——，それをベースに知識（言語）を次から次へと，しかも低次の知識（言語）から高次の知識（言語）へと知識（言語）をその都度更新しながら，習得していく。

とはいえ，今井・秋田が述べるように，低次の知識（言語）から高次の知識（言語）への道のりは長く，多難である。彼らは，「名詞学習」と「動詞学習」を通して，その発達過程を詳述しているが，「名詞学習」の一例を挙げると，次の通りである。

モノの名前を記憶する際，当初，幼児は「形バイアス」[今井むつみ・秋田喜美，2023：196]，すなわち「モノの名前を指すことばを似た形のモノに使えるという思い込み」[今井むつみ・秋田喜美，2023：196] をする。そのため，幼児は〈形は同じだが，色が異なるモノ〉を同じモノだと捉えてしまう。ところが，幼児は知識（語彙）が増えるにつれて，「モノの内的な性質を共有するほうが形よりも大事なのだという認識を得て，形バイアスそのものを修正し，対象のより本質的な性質に目を向けるようになる。」[今井むつみ・秋田喜美，2023：197]

むしろ，幼児が抱くバイアス（形バイアス）は，学習の仕方を洗練させる上で有益に働く。というのも，幼児が形バイアスを自らのルールとし，そのルールを別の対象に使うことは，それ自体間違っていたとしても，新たな知識を習得する上での推論として働くからである。その推論とは，いうまでもなく，アブダクションである。彼らが述べるように，「ブートストラッピング・サイクルを駆動する立役者はアブダクション（仮説形成）推論である。」［今井むつみ・秋田喜美，2023：218-219］，と。

このように，アブダクションは，経験学習の中核であるどころか，学校以前に・学校外で幼児がオノマトペという「最初の一群のことば（アイコン）」を自らの身体経験に接地した上で，それをベースに内部の知識（言語）を次から次へと――その都度，身につけた知識を再編しながら――習得する過程で不可欠な役割を担う推論様式なのである。

アブダクションは，「ブートストラッピング・サイクル」モデルをベースに，幼児の知識（言語）形成・発達の駆動力になるだけでなく，私たち人類（ヒト）の言語進化を駆動する力なのである。

結 語

筆者にとってＡＮＴに基づくノンモダニズム知識論との出会いは衝撃的であった。というのも，筆者がこれまで研究課題としてきた学校知についてその問題点を端的に示しているからである。特に，ラトゥール研究者，久保明教によって洗練されたノンモダニズム知識論は，内的に知ることを前提とするものであり，私たちの大半が正しい認識仕方として疑うことのない，外的に知ること，すなわち主体による，客体の認識および言語による対象の指示が，そうした内的に知ることから一時的に産出されるものであると捉える。

信号機を通して例示したように，内的に知ることとは，「赤信号＝歩行者の横断禁止」というように，世界の固定化によって状況を一義的に理解することではなく，人間（歩行者）と人間以外のモノたち（信号機をはじめとするアクターたち）との内的な，相互的諸関係，すなわちハイブリッドの混合物から成るアクターネットワークの中で流動的，生成的に状況を理解することであった（法的コードと実践コードとの差異）。そして，このように複合的な，相互的関係がうまくいき，消去し得るときに限り，世界と言語の対応が一時的な所産として生み出されるのであった。外的に知ることは，内的に知ることから派生してくるのだ。注意すべきなのは，外的に知ることを通して一時的に対象と言語が対応することと，モダニズム知識論における世界と言語の厳密な対応，いわゆる対応説とを混同してはならないということである（そうした混同は，結果と過程の取り違えから生まれてくる）。

本書では，ＡＮＴに基づくノンモダニズム知識論と経験学習を取り上げ，両者の類似性をみてきた。ここまで執筆してみて，最終的に判明したことは，両者が内から知ることを知識観の前提としているということである。ものをつくる授業という経験学習について論述した時点では気づかなかったが，マーケット教室実践という経験学習について論述した際，池田論文が明確に示したように，経験学習を正当に評価するためには，正しい知識観およびそれに基づく知識論（認識論）を構築する必要があった。その知識論とは，知識を，固定的なもの，すなわち二分法的な主客対立的なものとして捉えるのではなく，生徒（子ども）が学校以前に・学校外で身につける内的知識（生活知）として捉えるものである。

裏を返せば，ものをつくる授業は，学校以前に・学校外で身につけるこうした内的知識を，学校での経験学習（米つくり体験）を通して身につける機会を提供するものであると考えられる。生徒が経験学習によって「過剰情報」を習得するというのは，そのことを言い当てたものなのだ。

こうして，経験学習は，正しい知識論のもと，生徒にとって学校以前に・学校外で身につける内的知識を自生的に成長させる「ハミ出し学習」として再評価し得るのである。

あくまでも，外的に知ることは，内的に知ることから派生してくるのであって，先に外的に知ることが成り立つわけではない。その意味からすると，学校教育において教師が教科書を通して生徒に一斉教授する学校知は，外的に知ることが正しい認識モードだということを前提としている。教科書の記述そのものは，生徒からみて（教師からみても）知識というものが外的に知る以外にないということを指し示している。むしろ，そうした記述は，内的に知ること，生徒の内的知識およびその自生的成長を阻む。つまり，学校知は，モダニズム知識論における対応説そのものである。

つまるところ，学校知は，モダニズム知識論の典型であるということに帰結する。学校知の一斉教授の教材となる教科書は，世界と言語の対応説に基づいて記述されている。生徒は，学校知を習得すると同時に，対応説に基づく教科書の記述方式を正しいものとして受けいれてしまうのだ。生徒にとって，言語が対象を指示するタイプの知識は，記憶しやすい。しかも，このタイプの知識であれば，生徒が大量にかつ効率的に暗記するのに適している。

筆者は，以前から学校知の特殊性に疑問を抱くとともに，学校知を超える授業のあり方，特に学習方法（教育方法）の開発に取り組んだきたが——たとえば,「学校体育（学校知）」に対する,「体育（からだそだて）」の対置［中井, 2015］——，この度，ノンモダニズム知識論を学ぶことを通して学校知の根本的な問題点あらためて知ることができた。それと同時に，学校知を超える一つの学習方法として経験学習の重要性を認識することができたのである。

総じて，ＡＮＴに基づくノンモダニズム知識論からは，内的に知ること（対応説の否定），経験学習からは，自生的に成長する，生徒の内的知識というように，両者はこれまでの「主体－客体」の二分法的枠組みを通して固定的に捉えてきた知識および知識観を前提とする，モダニズム知識論を超えるものなのである。

文 献 ※参考文献を含む

Barthes.R.　1957　**Mythologies**,　Seuil.（R.バルト，篠沢秀夫訳『神話作用』現代思潮社，1967 年。）

Eco,U.　1976　**A Theory of Semiotics**, Indiana Univ. Pr.（U.エーコ，池上嘉彦訳『記号論Ⅰ・Ⅱ』岩波書店，1980 年。）

Evans,J.L.et.al.　1962　The Ruleg System for Construction of Programmed Verbal Learning, Sequences, **Journal Educational Research**,55, pp.513-518.

藤岡　信勝　1991　『社会認識教育論』日本書籍。

伏見陽児・麻柄啓一　1993　『授業づくりの心理学』国土社。

細谷　純　　1970　「問題解決」八木冕監修,東洋編『思考と言語』講座心理学８，東京大学出版会，207-236 頁。

細谷　純　　1976　「課題解決のストラテジー」波多野完治・藤永保他『思考心理学』大日本図書，136-156 頁。

細谷　純　　1983　「プログラミングのための諸条件」東洋編『学習と環境』講座・現代の心理学３，小学館，301-388 頁。

細谷　純　　1987　「科学をどう教えるか――順序性と教授方略――」『科学と技術の教育』岩波講座・教育の方法 6，岩波書店，139-172 頁。

池田久美子　1981　「『はいまわる経験主義』の再評価」, 教育哲学会編『教育哲学研究』44, 18-33 頁。

今井むつみ・秋田喜美　2023　『言語の本質――ことばはどう生まれ，進化したか――』中央公論新社。

河内　紀　1976　『ベニヤの学校――戦後教育を創る――』晶文社。

久保　明教　2015　『ロボットの人類学――二〇世紀日本の機械と人間――』世界思想社。

久保　明教　2018　『機械カニバリズム――人間なきあとの人類学へ――』講談社。

久保　明教　2019　『ブルーノ・ラトゥールの取説――アクターネットワーク理論から存在様相探求へ――』月曜社。

久保　明教　2020　『「家庭料理」という戦場――暮らしはデザインできるか？――』コトニ社。

久津見宣子　1982　「校庭を開墾して米をつくる」，社会科の授業を創る会編『授業を創る』8，授業を創る社，16-40頁。

久津見宣子　1985　「第Ⅱ部　ものをつくる授業と子どもたち」，白井春男・久津見宣子『ものをつくることと授業』日本書籍，43-160頁。

Mehan,H.　1979　**Learning Lessons Social Organization in the Classroom**, Harvard University Press.

Mehan,H.　1985　The Structure of Classroom Discourse,Dijk,T.A.V. (Ed.),**Handbook of Discourse Analysis Volume 3 Discourse and Dialogue**, Academic Press, pp.119-131.

Meillassoux, Q.　2006　**Après la Finitude：Essai sur la Nécessité de la Contingence**, Seuil.（Q.メイヤスー，千葉雅也, 大橋完太郎, 星野太訳『有限性の後で――偶然性の必然性についての試論――』人文書院，2016年。）

森　直久　2022　『想起――過去に接近する方法――』知の生態学の冒険 J.J.ギブソンの継承⑦，東京大学出版会。

人間の歴史の授業を創る会編集部　1999　『人間の歴史　授業づくりハンドブック』人間の歴史の授業を創る会。

中井　孝章　2015　『授業者は昆虫型ロボット Genghis の夢を見たか――「高次脳／低次脳」フレームワーク――』日本教育研究センター。

中井　孝章　2020　『進化するシンローグ』日本教育研究センター。

中井　孝章　2021a 『アブダクションの実装』日本教育研究センター。

中井　孝章　2021b 『アブダクション／仮説的演繹論の射程』デザインエッグ社。

Peirce,C.S.　1983　**Studies in Logic: The Collected Papers of Chrales Sanders Peirce**, Vol.Ⅶ, Max Fisch.

Peirce,C.S.　1986　C.S.パース，内田種臣編訳『記号学』パース著作集２，勁草書房。

Ratour,B.　1987　**Science in Action: How to Follow Scientists and Engineers Through Society**, Harvard University Press, (B.ラトゥール, 川崎勝・高田紀代志訳『科学がつくられているとき――人類学的考察――』産業図書，1999 年。)

Ratour,B.　1991　**Nous N'avons Jamais ete Modernes：Essai D'anthropologie Symetrique**, La Decouverte.（B.ラトゥール，川村久美子訳『虚構の「近代」――科学人類学は警告する――』新評論，2008 年。)

Ratour,B.　1999　**Pandora's Hope: Essays on the Reality of Science Studies**, Harvard University Press.（B.ラトゥール，川崎勝・平川秀幸訳『科学論の実在――パンドラの希望――』産業図書，2007 年。)

Ratour,B.　2005　**Reassembling the Social: An Introduction to Actor Network Theory**, Oxford,OUP.（B.ラトゥール，伊藤嘉高訳『社会的なものを組み直す――アクターネットワーク理論入門――』法政大学出版局，2019 年。)

Scott, J.C.　2012　**Two Cheers for Anarchism：Six Easy Pieces on Autonomy, Dignity, and Meaningful Work and Play**, Princeton University Press.（J.S.スコット，清水展・日下渉, 中溝和弥訳『実践日々のアナキズム――世界に抗う土着の秩序の作

り方――』岩波書店，2017 年。）
白井春男（編）　1985　『人間とはなにか　ものをつくる授業』太郎次郎社。
白井春男・久津見宣子　1985　『ものをつくることと授業』日本書籍。
高橋金三郎・細谷純　1974　『極地方式入門――現代の科学教育――』国土社。
米盛　裕二　1981　『パースの記号学』勁草書房。
米盛　裕二　2007　『アブダクション――仮説と発見の論理――』勁草書房。

参考文献

栗原 亘（編著），伊東嘉高・森下 翔・金 信行・小川湧司　2020　『アクターネットワーク理論入門――「モノ」であふれる世界の記述法――』ナカニシヤ出版。
西川　純司　2022　『窓の思想史――近代日本の公衆衛生からみる住まいと自然のポリティクス――』青土社。

雑誌：ラトゥール特集号

『現代思想 2023.3.』（ブルーノ・ラトゥール特集），2023 年，青土社。

あとがき

筆者は，大学生の頃から，関係論や関係主義の立場に立つさまざまな学問に関心を持ち，研究を継続してきた。周知のように，関係主義は実体主義と対立する概念である。Wikipedia によると，関係主義は，「存在を関係性の中の結節点（ノード）として捉える発想・主張」と定義されている。

関係主義もしくは関係論についての定義としては，これで十分であるが，いざ，関係主義の立場から論を展開する段になると，頓挫してしまうことになる。関係主義は，魅力的な概念でありながらも，実際にその考え方を活用することが困難である。

それどころか，社会学（特に，システム論的家族療法・ナラティヴセラピーに基づく臨床社会学）の中には，エンカウンターグループに類似した心理実践を通して，個人と個人がかかわる（出会う）からという理由だけで関係主義（関係論）を標榜する一派が存在している。

ところが，ＡＮＴとの出会いによって初めて，関係主義もしくは関係論（的思考）がリアルなものとなってきた。本論で述べた，信号機の例は，人間（歩行者）に焦点づけながらも，歩行者と人間以外のモノたち，すなわちアクターたちがその都度織り成す内的な相互的諸関係によって信号（の色）というシグナルの意味づけが変化することを示している。ＡＮＴを知る前は，「赤信号を渡る」あるいは「赤信号を渡らない」という歩行者の判断が，歩行者とモノ（＝アクター）たちとの関係性によって決定されてくることなぞ，思いも寄らなかった。これこそ，真正の関係論的思考である。

とはいえ，筆者の関係論（的思考）は，未だ研究途上にある。今後，ＡＮＴ

をベースに，新しい文化人類学，たとえば，T.インゴルドの関係論的思考と対話をしながら，自らの関係論を地に足の着いたものにしていきたいと考えている。

令和四年八月二十日

筆 者

著者略歴

中井孝章（なかい　たかあき）
1958年大阪府生まれ。現在，大阪公立大学生活科学研究科教授。学術博士。

主著：『学校知のメタフィジックス』三省堂／『学校身体の管理技術』春風社
単著（〈2010年〉以降）：
『子どもの生活科学』日本地域社会研究所＋hontoから電子ブック刊行
『配慮（ケア）論』大阪公立大学共同出版会
『忘却の現象学』，『イメージスキーマ・アーキテクチャー』，『無意識３.０』三学出版
『空間論的転回序説』大阪公立大学共同出版会
『教育臨床学のシステム論的転回』大阪公立大学共同出版会
『〈心の言葉〉使用禁止！―アドラー心理学と行動分析学に学ぶ―』三学出版
『カウンセラーは動物実験の夢を見たか』大阪公立大学共同出版会
『驚きの因果律あるいは心理療法のデイストラクション』大阪公立大学共同出版会
『防衛機制を解除して解離を語れ』大阪公立大学共同出版会
『脱感作系セラピー』【脳・心のサイエンス１】日本教育研究センター
『離人症とファントム空間』【脳・心のサイエンス２】日本教育研究センター
『頭足類身体原論』大阪公立大学共同出版会＋日本教育研究センターから頭足類身体シリーズ刊行
『ケア論Ⅰキュアとケア』『ケア論Ⅱマザリング』『ケア論Ⅲ当事者研究』日本教育研究センター
『〈子どもが「指導」に従いながら同時に「自立」する〉教育の可能性』デザインエッグ社
『カプグラ症候群という迷路』【脳・心のサイエンス３】日本教育研究センター
『進化するシンローグ：共話と協話』日本教育研究センター
『スマートフォン依存症の正体：オンライン後の「子ども」たち』日本教育研究センター
『生存のための身体信号（ソマティックマーカー）』【脳・心のサイエンス４】日本教育研究センター
『〈狂い〉を生きられる子ども：なぜ３歳未満の乳幼児に注目するのか』デザインエッグ社
『憑依と背後の身体空間』【脳・心のサイエンス５】日本教育研究センター
『頭足類身体の自在圏』【頭足類身体シリーズ・完結編】日本教育研究センター
『「道徳は教えられない」の進化教育学』日本教育研究センター
『浅すぎても深すぎてもいけない』日本教育研究センター
『乳幼児の唯物論のために』デザインエッグ社，等
共著：『ぬいぐるみ遊び研究の分水嶺』（堀本真以氏との共著）大阪公立大学共同出版会

ノンモダンとしての経験学習
：対応説としての学校知を超えて

2023年　10月 25日　　初版発行
著者　　中 井 孝 章
発行者　　岩 田 弘 之
発行所　　株式会社　日本教育研究センター
〒540-0026　　大阪市中央区内本町 2-3-8-1010
TEL.06-6937-8000　FAX.06-6937-8004
https://www.nikkyoken.com/

★定価はカバーに表示してあります。乱丁・落丁本はお取り替えいたします。
ISBN 978-4-89026-227-4 C3037　　Printed in Japan